BASTEI
LÜBBE

Hisako Matsubara

BLICK AUS MANDELAUGEN

BASTEI LÜBBE

BASTEI-LÜBBE-TASCHENBUCH
Band 10348

Lizenzausgabe mit Genehmigung des Albrecht Knaus Verlags, Hamburg
Gustav Lübbe Verlag GmbH, Bergisch Gladbach
Printed in Western Germany 1984
Einbandgestaltung: Manfred Peters
Gesamtherstellung: Ebner Ulm

ISBN 3-404-10348-3

Der Preis dieses Bandes versteht sich einschließlich der gesetzlichen Mehrwertsteuer.

INHALT

Vorwort .. 7
Ich über mich .. 9
Ich lerne Deutsch .. 11
Monolog am Telephon .. 14
Ich lerne noch mehr Deutsch .. 17
Reinlichkeit und Höflichkeit .. 20
Kölner Mühen um Kultur .. 25
Barbarische Ratschläge .. 30
Harakiri und Kamikaze .. 38
Held aus dem Dschungel .. 42
Nicht die Maske verlieren .. 47
Schnauze .. 50
Skepsis bei Wörtern .. 54
Nachrichten .. 60
Journalisten fragen – Politiker antworten .. 66
Samurai im Oxford Cut .. 69
Lächeln des Buddha .. 76
Rückenschrubben .. 79
Geisha – Mythos und Wirklichkeit .. 81
Das Lied vom Blumenkelch .. 95
Rückkehr .. 102
Zivilisierte Ratschläge .. 110
Lächelnde Japaner .. 115
Deutschland – ein Paradies .. 118
Ein Neujahrstraum .. 121
Ein Kind und eine Mutter .. 125
Gesundheit – ein ernstes Problem .. 127
Knospenspitzenfrühlese .. 131
Ernst beim Essen .. 133

Brief über das Küssen 135
Brief über das Anfassen 138
Kultur im Austausch 141
Vernunftehe 145
Eheanbahnung 150
Schwierige Bescheidenheit 159
Ich rübe dich 164
Kulturmenschen 169
Der Fall Johanna 176
Shintoisten, Buddhisten, Christen 180
Tsching-tschang-tschung 185
Heinrich Heine und ich 192
Fuchsgott und Seelenfeuer 197

Vorwort

Dieser neue BLICK AUS MANDELAUGEN umfaßt etwa zwanzig Jahre, die seit dem Tag vergangen sind, an dem ich zum erstenmal nach Deutschland kam. Er umfaßt fünfzehn Jahre des Schreibens.

Von außen habe ich mich Deutschland genähert und es von innen kennengelernt. Japan kenne ich von innen heraus und habe durch meinen langen Europaaufenthalt liebevollen Abstand gewonnen. Jedes Jahr bin ich einige Monate zu Hause in Japan und fühle, wenn ich dort bin, daß Deutschland mir fast zum Zuhause geworden ist.

Um beide Welten beschreiben zu können, muß man beide lieben. Mich lassen weder Japan noch Deutschland innerlich in Ruhe.

Was im hellen Licht gesehen ähnlich ist, kann im Schatten ganz verschiedene Farben annehmen. Was äußerlich fremd zu sein scheint, kann sehr verwandten Motiven entspringen.

Natürlich gibt es nicht *die* Deutschen und *die* Japaner. Das weiß ich auch. Trotzdem gibt es Verhaltensweisen, die unverkennbar deutsch oder japanisch sind. Es gibt Wertvorstellungen, die tief in den jeweiligen gesellschaftlichen Normen wurzeln und die man kaum versteht, wenn man ihren Ursprung nicht kennt. Es gibt Zielvorstellungen, die das Handeln der Menschen bestimmen, und über deren Stoßrichtung man im unklaren bleibt, solange man nichts von den dahinterstehenden sozialen und psychologischen Zwängen weiß. Also gibt es Mißverständnisse zwischen Fernost und West. Auf diese habe ich meinen Blick gerichtet.

Ich über mich

Also – vom Typus her – passe ich eigentlich nicht so recht in diese Landschaft. Ich habe Schlitzaugen, hervortretende Backenknochen und eine gelbe Haut. Außerdem habe ich lange Haare. Aber meine Beine sind eher ein wenig zu kurz. Von meinen Haaren kann ich alle paar Wochen einige Zentimeter abschneiden, weil sie schnell nachwachsen. Was meine Beine betrifft, so wünschte ich mir, sie würden auch noch ein bißchen nachwachsen, aber aus dem Alter bin ich heraus.

Wenn mich jemand fragt, wie alt ich sei, sage ich: »Fünfundsechzig.«

Ich sage das wegen der Illusionen, denn es heißt ja, daß man mit fünfundsechzig keine mehr habe.

Mehrere Dinge habe ich in Deutschland gelernt. Eines davon ist die Sprache und wie man sie benutzt, um mit den Menschen umzugehen. Ich habe gelernt, daß das Wort »Entschuldigung« in Deutschland wenig gebraucht wird, es sei denn, jemand hat nachweislich seinen Fuß auf den Fuß eines anderen gesetzt oder jemand anderen nachweislich im Gedränge angerempelt. In allen anderen Fällen ist es üblich, sich mit tausend Gründen zu bewaffnen, um recht zu behalten. Es scheint mir, daß die meisten Deutschen ständig fürchten, ins Unrecht gesetzt zu werden. Deshalb versuchen sie, den anderen zuvorzukommen und diese ins Unrecht zu setzen. Sie verteidigen sich dauernd – mit Worten oder mit Blicken –, ohne daß zu erkennen wäre, was sie glauben verteidigen zu müssen. Oft wird auch der Ruf nach der Polizei laut, oder jemand droht mit ungeheuren Konsequenzen. Um ihren Worten Glaubwürdigkeit zu verleihen, haben es sich viele Leute angewöhnt, mit scharfer Stimme zu sprechen. Wenn man diese Stimmen nur hört, aber nichts versteht, bekommt man schon allein vom Klang her ein leichtes Frösteln.

Außerdem habe ich in Deutschland gelernt, daß es günstig ist, verdrossen dreinzuschauen. Wer ein verdrossenes Gesicht macht, wird auch ernst genommen. Lächelnde Augen sind selten, dafür sieht man um so mehr griesgrämige Gesichter. Draußen im Stadtwald, auch wenn die Sonne scheint, die Schwalben fliegen und die Wiese schön gepflegt daliegt, krallen sich verdrossene Blicke an mir fest, bleiben an meinem Gesicht hängen, als wollten die Leute die Poren meiner Haut zählen. Im Zoo erheitern sich die Mienen – besonders beim Betrachten der Affen und Bergziegen.

Lachen scheinen viele erst dann zu können, wenn sie Alkohol getrunken haben, aber bei den meisten hilft auch der Alkohol nicht oder macht nur ihr Lachen laut. Sie sind eben ernsthafte Menschen. Sie sagen, daß das Leben schwer sei, und belegen es ausführlich am eigenen Fall.

Was ich in Deutschland bisher noch nicht gelernt habe, ist: Käse zu essen, Zigaretten zu rauchen, ein Auto zu steuern und auf mein Lachen ganz zu verzichten. Schwimmen kann ich auch nicht, und gegen kalten Luftzug bleibe ich empfindlich. Abgeschnittene Blumen tun mir leid. Vor freilaufenden Hunden habe ich Angst.

Mäuse mag ich nicht, ob sie grau, braun oder weiß sind. Sahnetorte mag ich ebenfalls nicht und auch keinen Zucker im Kaffee. Jeden Tag esse ich Reis. Ich esse gern Tatar, weil Tatar – mit Zwiebeln, Pfeffer und Salz angemacht – so ähnlich schmeckt wie roher Thunfisch mit Meerrettich und Soyasauce. Nicht selten esse ich Eisbein mit Sauerkraut. Abends trinke ich Bier. Kartoffeln betrachte ich als seltenes Gemüse. So gesehen schmecken sie gut. Am liebsten esse ich Pellkartoffeln, wenn sie mir jemand gepellt hat.

Mit meinen fünfundvierzig Kilogramm könnten viele Deutsche mich ohne weiteres auf den Arm nehmen. Sie tun es aber nicht. Deswegen nehme ich mich selber – und die Deutschen – ein wenig auf den Arm.

Ich lerne Deutsch

Gleich der erste Winter in Deutschland bescherte mir Rheumatismus. Ich mußte zu einer längeren Behandlung in eine Klinik. Der Chefarzt der Klinik, ein eleganter, gewandter Herr, fragte besorgt, ob mir auch das Essen schmecke. An meinem etwas zögernden Lächeln muß er wohl gesehen haben, daß mir das Klinikessen gar nicht mundete, jedenfalls lud er mich daraufhin ins Chinesische Restaurant ein.

Nachdem er bestellt hatte, fragte er: »Japanische Namen haben doch eine bestimmte Bedeutung. Welche Bedeutung hat Ihr Vorname?«

»Ko heißt Kind, und Hisa heißt unerreichbar«, erläuterte ich meinen Namen und erkundigte mich dann, ob denn die deutschen Namen keine Bedeutung hätten.

Er antwortete: »Ich heiße Klaus, weiß aber nicht, was das bedeutet.«

Der Martini kam, und er fragte: »Wie sagt man Prost auf japanisch?«

»Kampai.«

Da hob er sein Glas und sagte: »Kampai, unerreichbare Hisako!«

Ich antwortete (damals konnte ich noch recht wenig Deutsch): »Prost, bedeutungsloser Klaus!«

Da prustete mir der Herr Chefarzt seinen Martini ins Gesicht. So lernte ich anfangs Deutsch.

Wenn man einige Zeit in einem fremden Land gelebt hat, glaubt man irgendwann, man könne sich in der Landessprache doch recht ordentlich über die wichtigsten Dinge des alltäglichen Lebens unterhalten. Dann ist es höchste Zeit, sich einem gründlichen Sprachunterricht zu unterziehen, denn wenn man es jetzt versäumt, systematisch die Sprache zu erlernen, kann es später zu spät sein.

Seit einigen Jahren ist die Zulassung für ausländische Studierende an deutschen Universitäten an die Bedingung geknüpft, daß sie eine deutsche Sprachprüfung ablegen.

Eine segensreiche und notwendige Einrichtung. Da

jeder, der promovieren will, mindestens zwei Semester an einer Universität eingeschrieben sein muß, ging ich also hin und meldete mich zum Deutschunterricht für Ausländer. Ich glaubte, über das Niveau der Grundstufe hinweg zu sein, belegte daher den Unterricht der Mittelstufe I und II und besuchte später noch die Oberstufe. Ich habe brav und hoffentlich nicht ganz ohne Erfolg ein Semester lang gelernt. Es machte mir großen Spaß, in die Geheimnisse der deutschen Sprache einzudringen. Der Unterricht war ausgezeichnet, er war systematisch aufgebaut und sehr gründlich. Ich verdanke ihm viel.

Als ich gegen Semesterende die Abschlußprüfungen mit nicht schlechtem Resultat bestanden hatte, freute ich mich natürlich und ging zum Universitätssekretariat, um mich einschreiben zu lassen. Fröhlich legte ich meine Scheine vor.

Das Universitätssekretariat aber belehrte mich:

»Voraussetzung zur Zulassung zum Studium ist der Nachweis für eine erfolgreich bestandene Aufnahmeprüfung über den Stoff der Grundstufe des Deutschunterrichtes für Ausländer.«

Da ich jedoch nur die Scheine für erfolgreich bestandene Abschlußprüfungen über den Stoff der höheren Stufen des Deutschunterrichts für Ausländer vorlegen konnte, erfüllte ich nicht die in den Bestimmungen festgelegten Bedingungen.

So habe ich außerdem noch »gründlich« Deutsch gelernt.

Haben Sie Zeit am nächsten Freitagnachmittag? Heute in acht Tagen? Ich würde Sie dann gern zu einem Damenkaffee mitnehmen. Es handelt sich um einen exklusiven Kreis, Frau Präsident persönlich lädt ein. Ich habe schon im letzten Jahr an dieser Einladung teilgenommen, weil mein Mann, wie Sie wissen, eine leitende Stellung übernommen hat. Es war ein reizender Nachmittag. Wollen Sie diesmal nicht mitkommen?

Sie müssen doch langsam lernen, sich auch in solchen Kreisen richtig zu bewegen.

Die Damen, die eingeladen werden, sind ausschließlich Gattinnen von Professoren, Direktoren, Ärzten und vom Herrn Generalstaatsanwalt, aus den besten Kreisen, das kann man ruhig sagen.

Natürlich, für Sie als Japanerin ist es schwierig – schon rein sprachlich gesehen –, mit den Damen Konversation zu machen. Aber Sie brauchen keine Angst zu haben, ich werde mich in Ihrer Nähe halten. Sie werden es schon lernen.

Man muß ja nur versuchen, ein bißchen Geselligkeit zu üben. Wir Deutschen sollen ja angeblich so ungesellig sein.

Drüben in den Vereinigten Staaten hat man immer Partys und viele Abendgesellschaften, wissen Sie. Ach ja, Sie waren ja selber einmal in Amerika.

Mein Mann war kürzlich vierzehn Tage drüben. Es hat ihm sehr gut gefallen. Er ist ganz in der amerikanischen Denkweise aufgegangen.

Nächstes Jahr fahre ich mit meinem Mann zusammen nach drüben. Man bekommt ja erst dann den richtigen Eindruck von einem fremden Land, wenn man mit seinem Mann reist und drüben in den höchsten Kreisen eingeladen wird. Das ist doch etwas ganz anderes, als wenn man allein als Studentin in Amerika ist, nicht wahr?

Bei Frau Präsident werden Sie sicher einige Damen treffen, die Amerika kennen. Überhaupt ist es ein Kreis, in dem viel diskutiert wird. Es sind auch eine Reihe jüngerer Damen da – so in unserem Alter, wissen Sie –, die haben alle die gleichen Probleme mit dem Haushalt und mit den Kindern.

Ach, mein Mann arbeitet immer so viel. Die Kinder haben gar nichts von ihrem Vater.

Aber der Beruf geht natürlich vor.

Mir tut das leid, denn meine kleine Susanne ist künstlerisch so begabt. Sie malt so gern.

Ich weiß gar nicht, von wem sie das hat. Aber ich habe früher auch viel gemalt. Wenn ich nicht so viel Arbeit hätte, ich würde jetzt auch wieder anfangen zu malen.

Mein Mann liebt besonders die japanische Malerei. Zu unserem letzten Hochzeitstag habe ich ihm ein japanisches Aquarell geschenkt. Ich muß Ihnen das unbedingt einmal zeigen. Es hängt in unserem Schlafzimmer. Li Pao heißt der Maler. Kennen Sie ihn?

Ach so, das ist ein Chinese, ... aber das macht ja nichts.

Susanne geht inzwischen in den Malunterricht. Das

war nötig. Sie hat immer zu viel herumgeschmiert. Man konnte nie so richtig erkennen, was sie eigentlich malen wollte.

Sie ist jetzt bei einer sehr guten Malerin. Ich habe ihre Adresse durch eine Dame aus unseren Kreisen bekommen.

Susanne lernt richtig Häuser und Männchen malen. Wissen Sie, es gibt da einen sehr wichtigen Test: Man läßt Kinder Männchen malen. Wenn sie den Hals nicht mitmalen, sind sie noch nicht schulreif.

Meine Susanne würde den Test jetzt schon glatt bestehen.

Ich fände es wirklich sehr nett, wenn Sie am kommenden Freitag mitkämen. Fühlen Sie sich nicht sehr einsam in Deutschland? Glücklicherweise gibt es ja viele Japaner bei uns, mit denen Sie sich treffen können, nicht wahr? Wissen Sie, ich bin ja eigentlich hier auch nicht zu Hause. Ich komme aus Süddeutschland, mein Mann stammt aus dem Norden. Das ist ein ganz anderer Menschenschlag.

Sie haben übrigens schon sehr gut Deutsch gelernt. Aber das ist ja nur ein Anfang. Jetzt müssen Sie sich um ein tieferes Verständnis bemühen, denn bei uns hier in Deutschland ist ja alles ganz anders als bei Ihnen zu Hause. In mancher Hinsicht moderner, möchte ich sagen.

Ach ja, ich hatte Sie angerufen, um zu fragen, ob Sie am Freitag zum Damenkaffee mitkommen wollen.

Sie dürfen natürlich gern Ihren Kimono anziehen. Das gibt unserem Kreis einen etwas internationalen Rahmen – und das findet man bei uns immer richtig.

Ich lerne noch mehr Deutsch

Deutsch ist keine ganz leichte Sprache, aber so schwer ist es nun auch wieder nicht.

»Das dürfen Sie nicht so laut sagen«, meinte ein Bekannter, der zur jungen Generation zählt und manchmal etwas zynisch ist, »es verletzt die Selbstachtung der Leute, die sich ihr Deutsch mühsam erarbeitet haben.«

»Meinen Sie damit uns Ausländer?« fragte ich.

»Durchaus nicht nur«, antwortete er mit einem dünnen Lächeln.

Das Wort »mühsam« paßt gut zum Deutschen. Das Leben ist ja sooo schwer – die Gedanken der Deutschen sind es wohl auch. Das merkt man bei der Lektüre vieler Texte. Die Ausdrucksweise ist oft mühsam. Die Gedanken der Autoren, auf diese Weise ausgedrückt, lassen sich häufig nur nach langem Nachdenken, manchmal auch gar nicht, begreifen. Das liegt nicht immer nur am Leser. Denn: wer sich in Deutschland unverständlich ausdrückt, bei dem vermutet man ungeheure Wissenstiefen. Das zwingt zur Ehrfurcht – und das ist immer gut. Es hebt den ganzen Menschen.

Wer daher in Deutschland Achtung genießt oder genießen möchte, bemüht sich selbst bei der Darstellung der einfachsten Fragen tunlichst um eine möglichst unverständliche Ausdrucksweise. Umgekehrt, wer seine Gedanken in Deutschland verständlich, d. h. mit einfachen, klaren Worten ausdrückt, bei dem vermutet man weder Wissens- noch andere Tiefen.

England und Amerika unterscheiden sich in diesem Punkt von Deutschland. Es gibt dort sogar Professoren, die sich verständlich ausdrücken ...

Japan aber ähnelt Deutschland darin sehr. Hätte ich nicht das Glück gehabt, in Japan an einer Universität zu studieren, an der zum überwiegenden Teil amerikanische und englische Professoren tätig sind, hätte auch ich geglaubt, zum gehobenen Stil gehöre ein ordentliches Maß an Unverständlichkeit.

Japaner sind – wie die Deutschen – sehr ehrfurchtsanfällig. Lange verschachtelte Sätze nötigen auch ihnen Ehrfurcht ab und sind daher allerseits beliebt. Allerdings pflegt man in Japan bisweilen – zwar selten, aber immerhin – ein lustiges und in Deutschland fast unbekanntes Spiel: das Spiel mit dem Tigerschwanz.

Das geht so: Man nehme einen Tiger und setze ihn hinter ein dichtes Gebüsch, so daß nur noch der wedelnde Schwanz sichtbar ist. Dann bittet man die Zuschauer, sich die scharfen Tigerzähne vorzustellen.

Ins Literarische übertragen heißt das: Ein Autor wirft ein großes Problem auf, entwickelt es, bereitet die Antwort vor – doch dann entzieht er sich mit einer geschickten Wendung dem gedanklichen Zugriff und läßt den Leser mit seiner Frage allein. Warum? Nun, man soll doch sein Wissen niemandem aufdrängen ...

Im Japanischen gibt es für dieses »Spiel« ein eigenes Wort: »tobo-keru«. Dieses Spiel ist manchen japanischen Sportarten innerlich verwandt. Steht man in der Arena einem Gegner gegenüber, so mache man zunächst ein möglichst dummes Gesicht. Greift der Gegner unvermittelt an, so springe man genauso schnell oder schneller zur Seite, damit er ins Leere stößt. Rutscht der Gegner dabei aus, so freue man sich ein wenig, fängt er sich rasch wieder, so freue man sich mehr, denn dann kann das Spiel ja gleich weitergehen.

Ein guter Spieler verbirgt seine ironische Distanz hinter einem unnachahmlich dummen Gesicht. Der uneingeweihte Beobachter sieht nur das dumme Gesicht – daher kommt es, daß »tobo-keru« in den einschlägigen Wörterbüchern schlicht mit »dumm aussehen« übersetzt wird.

Ich unterhielt mich einmal mit ein paar Studenten in einem Weinkeller über »tobo-keru«. Dabei äußerte ich die Ansicht, daß die meisten Deutschen diesen Spaß wohl kaum verstehen, weil sie alles immer gleich so ganz genau hören wollen. Da mischte sich ein Herr vom Nachbartisch ein und sagte recht ärgerlich: »Sie als Ausländerin sollten mit Ihrem Urteil über Deutsche etwas vorsichtiger sein. Schon weil Deutsch eine so schwierige Sprache ist, können Sie den Humor unseres Volkes nicht voll verstehen!«

Ich weiß nicht mehr genau, was der Herr sonst noch alles sagte, zudem sprach er einen süddeutschen Dialekt, den ich in der Tat nicht gut verstand. Schließlich setzte er sich an unseren Tisch, erzählte Witze und lachte dabei laut. Er war vom Ernst seiner Sache durchdrungen.

Ein anderes Mal saß ich im D-Zug. Außer mir war nur noch ein Herr im Abteil. Dieser Herr war vornehm in einen dunkelgrauen Anzug gekleidet und las die BILD-Zeitung. An seinem Handgelenk prangte eine goldene Uhr mit goldenem Armband. Ich hatte meine Uhr vergessen und versuchte daher mit etwas geneigtem Kopf, die Uhrzeit auf meines Nachbarn Zifferblatt zu erkennen. Aber es gelang mir nicht unauffällig genug, und der freundliche Herr, meinen gereckten Hals völlig mißdeutend, wendete sich mir zu und fragte: »Möchten Sie die Zeitung lesen?«

Etwas beschämt wehrte ich dankend ab – ich fühlte mich ertappt. Bevor ich meinen eigentlichen bescheidenen Wunsch äußern konnte, fragte der Herr: »Sind Sie Japanerin?«

Ich nickte, woraufhin er weitersprach: »Ja, Deutsch ist schwer – besonders wenn man es lesen muß. Können Sie schon Zeitung lesen?« Mit diesen Worten reichte er mir wohlwollend seine BILD-Zeitung. »Versuchen Sie's mal!« ermunterte er mich.

Ich schüttelte den Kopf und erwiderte vielleicht etwas zu leise: »Nein, danke, ich habe selbst die ZEIT bei mir.«

»Nix *Zeit*«, entgegnete er. »*Zeitung* heißt das! Das hier ist die Zeit, die Uhrzeit nämlich, verstehen Sie ...« Und dabei tippte er auf seine goldene Armbanduhr (es war halb elf).

»*Zeitung*«, wiederholte er mit der Betonung auf dem -ung, »auf deutsch *Zeitung*, Germany, verstehen Sie? Das hier ist die größte deutsche *Zeitung*, verstehen Sie? Die grätest Germany *Zeitung*, heißt BILD, verstehen Sie?«

Japanische Zimmer sind mit Tatami-Matten ausgelegt. Eine solche Matte mißt 91 cm mal 1,82 m. Sie ist etwa 6 cm dick, wiegt über 50 Pfund und ist in sich völlig steif. Es geht sich darauf wie auf einem Waldboden in einer Fichtenschonung. Man sitzt auf flachen Kissen mit untergeschlagenen Beinen. Zum Schlafen entrollt man eine mit Rohseide oder Baumwolle gefüllte Matratze, oder besser noch zwei, und legt sie aufeinander. Dort schläft es sich so weich wie in einem deutschen Bett mit einem Brett auf den Sprungfedern, was übrigens – so hörte ich – von vielen Ärzten zur Vermeidung von deutschen Bandscheibenschäden wärmstens empfohlen wird.

Ich habe mein Zimmer auch hier in Deutschland mit Tatami-Matten ausgelegt. Ein Stück Heimat? Ein Stück Sentimentalität? Nein, meine typische Boshaftigkeit, denn in der Garderobe bitte ich meine Gäste, die Schuhe auszuziehen.

Einige, innerlich wohl darauf gefaßt, daß ein Besuch bei einer Japanerin nicht immer ohne Überraschungen abgeht, ziehen widerspruchslos ihre Schuhe aus.

Andere widersprechen. »Meine Schuhe sind wirklich ganz sauber«, sagen sie und zeigen mir dabei ihre Schuhsohlen.

Ob sie wohl ein Loch im Strumpf haben, denke ich und lege unauffällig ein Paar frische Strümpfe auf die Schuhbank. Laut sage ich: »In Japan heißt es: Nur Diebe betreten mit Schuhen das Haus ...« Dann lasse ich meine lieben Gäste einen Augenblick in der Garderobe allein.

Werde ich gefragt: »Nicht wahr, in Japan sitzt und schläft man sogar auf dem Boden?« – dann weiß ich nie so recht, was ich darauf antworten soll. Auf dem Boden zu sitzen oder gar zu schlafen ist in deutschen Augen etwas sehr Schlimmes. Es klingt mindestens nach Obdachlosigkeit, wenn nicht gar nach Primitivität.

Die Europäer neigen dazu, Dinge nach ihren Funktionen scharf zu trennen: der Boden ist dazu da, daß man auf ihm herumläuft – zum Sitzen gibt's Stühle und Sessel – zum Liegen aber Betten.

Weil sich in Deutschland, wie in anderen westlichen Ländern, das Sitzen und Liegen etwa 50 cm über dem Boden abspielt (je moderner, um so niedriger), und weil man sich für diese (Un)tätigkeiten besonders konstruierte, als Statussymbol verwendbare Möbel kauft, wird der harte Boden einfach unter einem Orientteppich versteckt. Aber anders als im Orient braucht in Deutschland der Teppich mitsamt dem Boden darunter nicht besonders sauber zu sein: er ist ja nur Fußboden.

Diesen Fußboden mit den Straßenschuhen zu betreten ruft so lange keine Abwehrreaktionen hervor, wie man den hereingeschleppten Dreck mit bloßem Auge nicht sieht.

Lebt Europa noch in der Zeit vor der Entdeckung der Bakterien, obwohl die Bakterien in Europa entdeckt wurden? Irgendwie dringt es nicht in das Bewußtsein der Leute ein, daß kleine Kinder vorwiegend Vierfüßler sind. Auf der Straße, auf den Bürgersteigen, lassen die Mütter sie nicht auf allen vieren krabbeln, aber zu Hause.

»Ach was, Dreck härtet ab.« Das ist eine besondere Art der natürlichen Auslese.

Doch ich will nicht ungerecht sein. Vielleicht liegt es einfach daran, daß es in Deutschland im allgemeinen doch recht kalt ist. Das erzeugt sonderbare Bräuche. In Japan wird z. B. dem Dreck auf der Haut keine wärmende Wirkung zugeschrieben. Jeder fürchtet sich vielmehr vor den ansteckenden Krankheiten, die der feucht-heiße japanische Sommer ausbrütet.

Wegen des Klimas haben die Europäer in ihrer Geschichte vielleicht nie ein sehr ausgeprägtes Reinlichkeitsbedürfnis entwickelt. Auch das geistige Klima war der Reinlichkeit seit der Antike nicht wohl gesonnen, denn den sündigen Leib zu reinigen und zu pflegen galt lange nicht als gottesfürchtige Tat. Liest man neuere statistische Erhebungen darüber, wie oft der deutsche Durchschnittsbürger in der Woche badet, so drängt sich der leise Verdacht auf, Baden sei hierzulande noch immer ein bißchen Sünde. In Japan ist das anders. In Japan werden die Badewannen nie trocken.

Die japanische Reinlichkeit ist so extrem wie die japanische Höflichkeit – und beide haben ihre Grenzen, ihre räumlichen Grenzen. Im eigenen Haus wird auf größte Sauberkeit Wert gelegt – im eigenen Bekanntenkreis wird auf größte Höflichkeit Wert gelegt. Jedoch außerhalb des eigenen Hauses, außerhalb des eigenen Bekanntenkreises, auf der Straße, in öffentlichen Gebäuden, im Kino, in den Zügen, in den Parks herrscht – was Sauberkeit und Höflichkeit angeht – die schönste Anarchie.

Wenn mich jemand in Japan, den ich gar nicht kenne, ungewollt im Straßengedränge oder im überfüllten Zug anrempelt, so wird dieser Jemand, wenn ich Glück habe, weitergehen, ohne sich umzusehen. Habe ich Pech, so werde ich nochmals gestupst und dazu noch beschimpft.

Daß so viele westliche Besucher die Japaner als das höflichste Volk der Welt bezeichnen können, hat meiner Meinung nach drei Gründe: erstens begeben sich westliche Besucher doch nur selten ins echt japanische Gedränge (weil sie Taxifahren bevorzugen oder sowieso einer Reisegesellschaft angehören); zweitens halten westliche Besucher mangels ausreichender Sprachkenntnisse eine Beschimpfung für eine höflich vorgebrachte Entschuldigung, und drittens ist es überhaupt unwahrscheinlich, daß es in Anbetracht der meist stattlichen Statur der westlichen Besucher zu Beschimpfungen kommt, denn eine solche Statur flößt den zierlichen Japanern großen Respekt ein.

Es ist nämlich so: die Japaner erkennen nur einen kleinen Teil der Gesellschaft an, und zwar den Teil, der ihnen aus familiären, kollegialen oder anderen Gründen irgendwie nahesteht. Oder sie irgendwie bedroht. Vor der Obrigkeit in jeder Form verneigen sich Japaner (wie viele Deutsche) besonders tief, weil das ja nie falsch und manchmal sogar recht nützlich ist. Alle irgendwie Respekt einflößenden Personen profitieren von dieser menschlichen Schwäche der Japaner, also auch alle groß gewachsenen Ausländer.

Ich habe einen deutschen Bekannten, der immer dann, wenn er in Deutschland bei Polizisten, Behörden, Pförtnern und anderen kleinen Herrgöttern Schwierigkeiten wittert, mit einem perfekten amerikanischen Akzent redet. Er sagt: »Das hilft immer. Amerikaner, das sind eben die neuen Herren der Welt.«

So ähnlich präsentieren sich (wenn auch ungewollt) die westlichen Besucher in Japan: sie reden so herrisch von der Bedeutung des Abendlandes für die Weltkultur im allgemeinen und für Japan im besonderen. Japaner sind in solchen Situationen ausgesprochene Pragmatiker. Sie wissen, daß eine tiefe Verbeugung den westlichen Besucher mindestens genauso tief erfreut. Also verbeugen sie sich. Im Deutschen lügt man, wenn man höflich ist, meint Goethe. Für den Japaner ist Höflichkeit kein Lügen. Sie ist ein freundliches Entgegenkommen, ein Geschenk, das man dem anderen darbietet. Und außerdem eine unübertreffliche Methode der Selbstverteidigung.

»Ich bin also der Leiter für Kultur und Unterhaltung im Dritten Fernsehprogramm des WDR«, so stellte er sich nach telephonischer Ankündigung an meiner Wohnungstür vor, schüttelte zaghaft meine Hand und schaute mich mit lieben blauen Augen an.

Es war das erste Mal, daß ich einem Leiter für Kultur einschließlich Unterhaltung einer so reichen deutschen Fernsehanstalt persönlich begegnete. Daher vergaß ich auch ganz, meinen Gast gleich in der Garderobe zu bitten, die Schuhe auszuziehen.

»Die Sache ist so: Wir haben einen siebenteiligen Fernsehfilm aus Japan gekauft. Keiner bei uns hat ihn bisher gesehen, aber er soll sehr gut sein.«

Ich nickte und war besorgt, daß er aus Versehen auf meine Tatami-Matten treten könnte.

»Es handelt sich um eine Verfilmung des altjapanischen Liebesromans von der Geschichte des Prinzen Genji.« Mein Gast strich sich sein Haar zurück, das gar nicht nach vorne gefallen war, und machte mir mein erstes deutsches Fernsehangebot: »Wir möchten Sie fragen, ob Sie zu jedem der sieben Filmteile eine Einleitung über den kulturhistorischen Hintergrund des Romans für die deutschen Zuschauer bringen könnten.«

Leider gibt es in meinem japanischen Zimmer keine Sitzgelegenheiten außer den Tatami-Matten. Ich überlegte, ob ich meinen Gast mit Schuhen ...? Aber nein.

»Das Dritte Programm ist im wesentlichen ein kulturelles Programm ...«

Als Nichtbesitzerin eines Fernsehapparats kam ich mir sehr ungebildet vor.

»... und wie Sie wissen, Kultur hat es immer recht schwer in Deutschland ...«

Ich nickte und suchte nach einer Lösung des Dilemmas.

»... insbesondere die außereuropäische Kultur. Entweder man versüßt und verniedlicht sie und macht daraus eine Touristenattraktion, oder man bringt sie so hochwissenschaftlich, daß niemand mehr etwas davon versteht.«

Ich war inzwischen entschlossen, die Pantoffeln zu holen. Da sagte er: »Vielleicht können wir zusammen zum Essen gehen«, und strich sich wieder durchs volle Haar.

Ich war erleichtert.

Acht Wochen später traf der erste der sieben Filmteile in Köln ein. Ich fuhr hin, um ihn mir am Schneidetisch anzusehen, auf einem kleinen, flimmrigen Schirm. Ich durfte davor sitzen. Neben mir stand ein sehr selbstbewußter Mann, der mir wie eine Säule im Raum vorkam, an die man sich ruhig anlehnen kann. Außerdem standen da noch einige Herren herum, wohl alles wichtige Persönlichkeiten vom Dritten Programm.

Als der Filmstreifen zu Ende war, sagte der neben mir stehende Herr (es war mir aufgefallen, welch einen großen Schädel er hatte): »Nun, Frau Matsubara, sagen Sie uns doch bitte Ihre Meinung: Wie finden Sie den Film?«

»*Todlangweilig.*«

Betretenes Schweigen.

»Aber wir haben ihn schon gekauft«, klang gequält die Stimme des Redakteurs, »und billig war er nicht.«

»Sie verstehen doch hoffentlich Japanisch«, fragte mich einer aus der Runde.

»Es ist ein sehr berühmtes klassisches Werk, wissen Sie«, sagte jemand anders.

»Eine Japanerin sieht vielleicht nicht den exotischen Reiz, den ein solcher Film auf den deutschen Zuschauer ausübt.«

»Was machen wir denn nun?«

Der Herr neben mir wandte sich mir zu. Alle Stimmen verstummten. Er schaute mich eindringlich durch getönte Brillengläser an und sagte in tiefem Baß: »Nun, dafür ist ja Frau Matsubara von ach so weit zu uns gekommen, um uns zu helfen.« Dann schüttelte er mir so herzlich die Hand, daß ich nur noch mit Mühe lächeln konnte, und ging hinaus.

Ich war recht bedrückt. Lieber wäre ich doch nicht von ach so weit hierhergekommen.

»Werner Höfer«, so sagte der Redakteur, »war der einzige, der schon bei der ersten internen Vorführung des Filmes gesagt hat: Der ist langweilig. Jetzt ist er ganz stolz, daß er recht hatte.«

»Wer ist Werner Höfer?« fragte ich.

Fassungslose Gesichter rund um mich herum ... Ich spüre, in meinem Deutschlandbild sind noch erhebliche Lücken. Vielleicht sollte ich mir doch bald einen Fernsehapparat kaufen.

»Also, Sie bekommen für Ihre sieben Einleitungen eine Fläche im Studio von zwei mal zwei Metern, so groß etwa wie ein Doppelbett»», sagte der Redakteur zu mir, »dort können Sie dann beliebig spielen ... Bereiten Sie sich darauf vor ...

Sie können alles sagen, was Sie wollen, nur bitte ich vorher um die Texte ...

Wir werden einen kleinen Hintergrund aufbauen mit einem Motiv aus dem Film. In vier Wochen ist Aufnahmetermin.«

Nach vier Wochen war der kleine Hintergrund auf 15 Meter Breite angewachsen und füllte die ganze Seite eines großen Studios.

Der Regissuer war reizend. Er erinnerte mich sogleich an Romeo. Er stellte mich vor das Schattenbild eines Ochsenkarrens und erläuterte mir seine Regiepläne.

»Bitte schauen Sie hier in Kamera I.

So ... einen Schritt vor ... noch ein bißchen nach links ... nein, das war zuviel ... so, jetzt anfangen ... bitte gehen Sie ...

Etwas langsamer gehen, aber schneller sprechen ...«

(Das Umgekehrte wäre mir lieber gewesen.)

»Jetzt in Kamera II gucken. Ja, das war schön. Gucken Sie noch mal genauso, das sieht sehr schön aus.

Stehenbleiben ... Das Mikrophon muß etwas höher, sonst kommt es ins Bild ... Jetzt ist es besser ... aber hier ist noch ein Schatten ... So, nun weitergehen, weitersprechen ... lauter sprechen ...«

ACHTUNG PROBE!

»Zärtlichkeit vor einer Liebesnacht zu zeigen, das kann fast jeder ...«

»Bitte beim Gehen den Kopf über die Schulter nach links wenden, zur Kamera I hinschauen …«

»Prinz Genjis Zauber ist es, Zärtlichkeit auch nach einer Liebesnacht zeigen zu können …«

»Zur Kamera II drehen …«

»… allerdings nur im Roman, nicht in diesem Film.«

»Frau Matsubara, Ihre Nase glänzt …«

»… im Film ist Prinz Genji ein zynischer Schürzenjäger, ein vom Ödipuskomplex heimgesuchter Mann, ein sündiger Mensch …«

»Rufen Sie doch eben mal die Dame von der Maske …«

»… pünktlich am Ende überfallen ihn Skrupel …«

»Kamera I, näher ran …«

»… und hat aus dem völlig unbefangenen Liebesroman einen tapfer moralisierenden Film gemacht – damit das Deutsche Fernsehen ihn nachmittags senden kann.«

»Moment mal, Frau Matsubara, dieser letzte Satz steht ja gar nicht in Ihrem Manuskript …«

Endlich hieß es: ACHTUNG AUFNAHME. Kameraleute mit Assistenten, Tontechniker mit Assistenten, Beleuchtungstechniker mit Assistenten und andere potentielle Störenfriede standen herum. Kein Wunder, daß irgendwas meist nicht klappte. Drei Tage lang. Wenn der Mikrophonwagen mit einer Kamera kollidierte, gab es wahre Klassenkämpfe. Alles auf kölsch.

Barbarische Ratschläge

Sie betreten also jetzt japanischen Boden. Wahrscheinlich in Narita, dem Flughafen von Tokyo. Der Zoll wird höflich zu Ihnen sein – japanisch höflich, was er zu den japanischen Reisenden nicht zu sein braucht, die in der Schlange nebenan stehen. Die werden vielleicht gefilzt und nachhaltig schikaniert, aber Sie sind ein ›gaijin‹, ein Ausländer, ein besserer Mensch.

Bald werden Sie im Stadtzentrum sein – per Automobil, per Bus, per Bahn.

Tokyo.

Atmen Sie tief ein. Es umgibt Sie der Duft der größten Stadt der Welt. Hier gibt es alles, was es anderswo auch gibt, vor allem aber ein Menschengewimmel. Schauen Sie gelassen auf die Menschenmassen herab. Vermutlich sind Sie um einen Kopf größer als alle um Sie herum. Seien Sie sich des Vorzugs bewußt, daß Sie einer großen Rasse angehören, der weißen Rasse, und daß Sie wahrscheinlich seit Geburt – statistisch gesehen – Christ sind.

Stellen Sie sich vor: Hier ist nur jeder Hundertste um Sie herum getauft. Alle anderen sind es nicht. Sie sind bestenfalls Buddhisten oder sonst irgend etwas. Das verschafft Ihnen als Christ einen moralischen Vorsprung.

Merken Sie sich also: Sie sind ›gaijin‹ und Christ – ein besserer Mensch.

Verzichten Sie nicht auf Messer und Gabel in japanischen Restaurants. Falls vor Ihnen auf dem Tisch nur Eßstäbchen liegen, hygienisch in Papier verpackt, zitieren Sie den Ober oder das Servierfräulein herbei, und machen Sie ihnen klar, daß kein normaler Mensch mit solch komischen Dingern essen kann. Sagen Sie ruhig, daß man in kultivierten Kreisen in Europa seit tausend Jahren mit Besteck ißt, auch wenn es einer Tatsache entspricht, daß sich der Alte Fritz seinen Braten noch mit den Fingern vom Teller holte.

Bringen Sie aber die Japaner auch nicht in Verlegenheit, indem Sie vormachen, wie gut Sie schon mit Stäbchen essen können. Vertrauen Sie ruhig jenen Japanern, die Ihnen glaubhaft zu machen versuchen, daß auch sie selbst sich für ihr Volk schämen, weil es immer noch mit Stäbchen ißt. Bessere Menschen essen mit Besteck.

Besuchen Sie Tempel und Schreine bedenkenlos in kurzen Hosen und offenem Hemd, wenn es heiß ist. Gehen Sie gelassen mit haarigen Beinen durch die heiligen Bereiche, zeigen Sie Ihre haarige Brust.

Wenn Japaner untereinander von den Weißen reden, sagen sie manchmal ›die Haarigen‹. Sie sagen zwar nicht die ›Affen‹, aber ein bißchen meinen sie es so. Auf jeden Fall schütteln sie sich innerlich vor Abscheu bei diesem Wort – vor allem, wenn sie eine Japanerin mit einem Haarigen zusammen sehen.

Wenn allerdings ein japanischer Mann eine weiße Frau erobert hat, dann ist die Situation ganz anders. Jeder japanische Mann, dem eine weiße Frau gehört, zieht ungeteilte Bewunderung auf sich. Je blonder die Frau und je größer ihr Busen, um so höher darf der japanische Mann sein Kinn heben.

Die Ethnologen sind noch dabei, herauszufinden, warum.

In Japan gibt es viele erstklassige Fotomotive. Wenn Sie irgendwo in einem Tempel oder einem Schrein Leute sehen, die gerade beten, nähern Sie sich leise von hinten mit schußbereiter Kamera. Treten Sie bescheiden neben die Betenden und knipsen Sie sie zuerst im Profil. Bleibt der meditative Gesichtsausdruck erhalten, haben Sie Glück gehabt, und Sie können sich ruhig zwischen die Betenden und den Altar stellen. Bannen Sie von dort aus frontal das eindrucksvolle Motiv fernöstlicher Religiosität auf Ihren Reiseerinnerungsfilm. Sie brauchen sich wirklich keinen Zwang anzutun, denn Sie wissen ja: Die Japaner beten nur zu Naturgöttern, zu Buddha und zu irgendwelchen Ahnen, denen gegenüber Sie keine Verwandtschaftsgefühle zu haben brauchen.

Denken Sie aber auch daran: Die Japaner besitzen die Kultur der Stille. Darüber ließe sich vieles sagen. Manche Leute können stundenlang über die Kultur der Stille reden. Nehmen Sie an einem solchen Kursus teil, oder kaufen Sie sich die entsprechenden Bücher, damit Sie später – nach Ihrer Rückkehr von der Japanreise – ebenfalls stundenlang über die Kultur der Stille reden können.

Es ist nämlich eigentlich gar nicht einfach, zu entscheiden, wo die Stille anfängt, wo ihr Schwerpunkt liegt und wo sie endet. Zum Beispiel erfährt man bei der Teezeremonie nie, wie teuer die Keramikschale war, in der der Tee kredenzt wird. An und für sich sieht diese Keramikschale nach gar nichts aus, aber rundum erblickt man ergriffene Gesichter, eine Folge von komplizierten Handreichungen, von abgezirkelten Verbeugungen – und das alles nur wegen einem Schluck schaumig geschlagenen grünen Pulvertees.

Auf dem Holzkasten, in dem zwischen baumwollenen Tüchern die Keramikschale aufbewahrt wird, erkennt man einen Schriftzug. Man muß schon Experte sein, um zu wissen, daß dieser das Namenszeichen des Teemeisters ist, der durch seine Signatur den Verkaufswert dieser Schale in unvorstellbare Höhen getrieben hat. Nicht von ungefähr sind die beiden größten Steuerzahler in Kyoto zwei Teemeister, die schon in der fünfzehnten Generation dieses einträgliche Geschäft betreiben.

Das Wissen um solche Zusammenhänge gibt jeder anständigen Teezeremonie Würde und Gewicht.

Überhaupt ist alles, was aus der Kultur der Stille kommt, sehr teuer. Eine halbwegs ordentliche Kalligraphie – mit dem roten Namenssiegel irgendeines großen Kalligraphiemeisters – ist fast unbezahlbar. Auch viele Zen-Meister, die Schüler für Meditationsübungen annehmen, erheben hohe Gebühren. Trotzdem brauchen sie sich nicht über mangelnden Zulauf zu beklagen. Die alte Regel gilt: Was teuer ist, muß auch gut sein. Deshalb schickt die Industrie ihre angehenden Manager zu den Meditationsübungen in die Zen-Klöster, damit sie bei völlig entspanntem Gesicht innerlich so hart werden wie der handgeschmiedete Stahl der japanischen Schwerter.

Die, die nicht so bedeutend sind, daß sie in Zen-Klöster geschickt werden, die Hunderttausende und

Millionen anderer Japaner, die fleißig in den Fabriken und Büros arbeiten, entspannen sich durch tägliche Lockerungsübungen. Irgendwann ertönt von irgendwoher eine sympathische Lautsprecherstimme, oder einer stellt sich spontan vorne hin: »Alle mal kurz entspannen.« Dazu ertönt Musik. Alle schlenkern im Gleichtakt die Gliedmaßen, recken beide Arme, beugen die Knie, lockern die Beine, hüpfen auf und ab, wackeln mit den Köpfen.

An diesem kollektiven Verhalten erkennt der aufmerksame europäische Beobachter sofort die mangelhaft entwickelte Individualität des Japaners. Dem wachen europäischen Blick entgeht es nicht, daß der Japaner etwas Ameisenhaftes an sich hat. Das ist marktwirtschaftlich gesehen eine Bedrohung.

Im Westen ist man mit der Individualisierung viel weiter. Man empfindet es als würdelos, überall einfach so zu turnen. Wenn man turnen will, zieht man sich zuerst um, legt einen Trainingsanzug an und trägt Turnschuhe. Wenn man sich entspannen will, geht man in ein Heilbad und macht dort Lockerungsübungen unter der kostenpflichtigen Aufsicht einer diplomierten Krankengymnastin. Zwischendurch werden die Übungen unterbrochen, um den Blutdruck zu messen.

Haben Sie für Ihre Japanreise auch Ihre Visitenkarten eingesteckt? In Japan ist ein Mensch, der keine Visitenkarte vorweisen kann, nur ein halber Mensch. Ihm fehlt das Wichtigste: ein Titel und ein Amt. Am besten läßt man sich vor der Abreise nach Japan ein paar hundert Visitenkarten drucken. Auf der einen Seite deutsch – damit es authentisch aussieht – auf der anderen Seite englisch – damit wenigstens einige Japaner es lesen können.

Nur den Namen und die Anschrift anzugeben wäre töricht. Titel und Ämter, auch Ehrenämter, müssen es sein. Wenn man keine wohlklingenden Titel hat und auch keine namhaften Ämter vorweisen kann, soll man nicht verzweifeln. Falls Sie zum Beispiel Brieftaubenzüchter sind und Mitglied des Brieftaubenvereins, drucken Sie auf Ihre Visitenkarte »Mitglied des deutschen Vereins für Nachrichtenübermittlung auf biologischem Wege, e. V.«. Falls Sie sich einmal in Ihrer Freizeit eine Gartenlaube gezimmert haben, lassen Sie schlicht aufdrucken: »Architekt«. Falls einer von Ihren beiden Skatfreunden ein gebürtiger Österreicher ist und Sie beim Skat regelmäßig die Kasse führen, halten Sie es auf Ihrer Visitenkarte so fest: »Ehrenamtlicher Schatzmeister des internationalen Dreier-Clubs n.e.V.«, wobei die Abkürzung n.e.V. für ›nicht eingetragener Verein‹ stehen könnte.

Die Sache mit den Visitenkarten hat nämlich einen tieferen Sinn. Japaner laden nur solche Leute zu teuren Restaurant- und zu Geishapartys ein, denen wohlklingende Titel anhaften, hinter denen man Einfluß und Geld vermuten kann. Zur eigenen Orientierung brauchen Japaner die Visitenkarte des Gastes.

Die Visitenkarte erfüllt aber auch noch einen anderen Zweck. Jede Einladung ist teuer. Deshalb wird jede Einladung über Spesen abgerechnet, die in Japan in reichlichem Maße für die Unterhaltung in Geishahäusern, Bars und Restaurants vorgesehen sind. Um seine Abrechnung durchführen zu können, braucht jeder Japaner, der Gäste ausgeführt hat, einen Beleg. Eine gut aussehende Visitenkarte erfüllt diesen Zweck.

Deshalb lohnt sich jene kleine Investition, vor der Abreise Visitenkarten drucken zu lassen. Man bekommt dafür vielleicht in Japan sogar eine Vollmassage in einem türkischen Bad. Um Mißverständnissen vorzubeugen, muß gesagt werden, daß nichts an einem solchen türkischen Bad wirklich türkisch ist. Es ist sehr japanisch, einschließlich der Masseusen.

Und noch einen weiteren Vorteil hat eine Visitenkarte: Die Japaner, denen man sie gibt, schreiben Weihnachtsgrüße. Jahrelang. Sie geben auch als Nichtchristen viel Geld aus, um besonders eindrucksvolle Weihnachtskarten zu kaufen, und auch die japanische Post zeigt sich kooperativ: sie bringt zum Jahresende immer die prächtigsten Marken heraus.

Wenn Sie also zu Weihnachten Grüße aus Japan bekommen wollen, teilen Sie während Ihrer Japanreise eifrig Visitenkarten aus. Irgend jemand wird Ihnen dann sicherlich schreiben – jahrelang –, bis Sie restlos gerührt sind von einem solchen Beweis der Anhänglichkeit. Irgendwann ergibt sich vielleicht die Gelegenheit, daß Ihre japanischen Freunde in Europa weilen, daß Sie sie wiedersehen, einladen und in germanischer Treue bewirten können. Wenn Sie das tun, machen Sie den Japanern eine große Freude, denn deshalb hatten sie Ihnen ja jahrelang Weihnachtsgrüße geschickt.

Es ist traurig, aber wahr: Nirgendwo in der Welt werden die Deutschen noch so hoch geschätzt wie in Japan. Man braucht dort nur zu sagen, daß man aus Deutschland kommt, sofort fallen Namen wie Beethoven, Goethe, Wagner, Heine, Schopenhauer, Kant. In Japan herrscht noch das alte Deutschlandbild, das aus jener Zeit stammt, als sich Japan das deutsche Kaiserreich zum Vorbild nahm.

»Wir verdanken Euch alles«, sagen deshalb auch bereitwillig viele Japaner der älteren Generation, »Musik, Medizin, Militär.«

Zum Beweis stimmen sie das Lied von der Lorelei an oder singen Lilli Marlen.

Auch jüngere Japaner, die geschäftlich mit Deutschland zu tun haben, lernen deutsche Lieder. Sie können ›Röslein auf der Heide‹ singen, ›Am Brunnen vor dem Tore‹, bei Bedarf auch ein paar Nazilieder, weil das manchem Deutschen Tränen in die Augen treibt. Das fördert die Geschäftsabschlüsse und die emotionelle Verdauung.

Versuchen Sie bitte nicht, Japanisch zu lernen. Erstens ist es schwierig, zweitens unnötig und drittens gibt es in Deutschland bedeutende Japankenner, die dicke Bücher über Japan geschrieben haben, ohne ein Wort Japanisch zu können. Das ist natürlich etwas übertrieben, denn wenn ein Japankenner jahrelang in

Japan gelebt hat, kann er schließlich sagen: »Bitte«, »Danke«, »Schönes Wetter heute« und »Wieviel kostet das?« Mit diesen Brocken, flüssig dahergesagt, kann er nach seiner Rückkehr nach Deutschland großen Eindruck machen. Lesen Sie also diese Japanbücher, bevor Sie nach Japan fahren. In einigen werden Sie auch lange Abhandlungen über die japanische Syntax und Grammatik finden. Das ist stellenweise erbaulich.

Wenn Sie erst einmal selbst in Japan angekommen sind, werden Sie vielerorts Japaner antreffen, die beglückt sind, ihr unverständliches Englisch an Ihnen auszuprobieren. Seien Sie geduldig, und sagen Sie zu allem ja.

Auch Japaner sagen immer ja, wenn sie nichts verstehen. Sie wollen damit zum Ausdruck bringen, daß sie sich freuen, Ihre Bekanntschaft gemacht zu haben.

Seien Sie sicher: Sie sind in Japan ein gern gesehener Gast. Die Japaner lächeln Sie freundlich an, wünschen Ihnen einen angenehmen Aufenthalt und eine baldige Wiederabreise.

Harakiri und Kamikaze

Harakiri ist – für Japaner – eine ehrenvolle Art zu sterben, genauer gesagt: es *war* eine ehrenvolle Art zu sterben. Durch eigene Hand. Der erste Stoß mit dem Dolch wurde dabei gegen den Bauch geführt, dem im ganzen indisch-ostasiatischen Denken, so im Yoga und im Zen, die Rolle der symbolhaften Mitte zugeschrieben wird. Danach erfolgt der tödliche Stoß von vorn in den Hals.

Harakiri entstand im 13. Jahrhundert – zur selben Zeit wie die Schule des Zen. In der Schule des Zen wird durch Meditation die Überwindung des Ich angestrebt. Das Ziel ist die Entfaltung der inneren Kräfte des Menschen. Harakiri ist eine Schattenseite des Zen. Harakiri bedient sich der gleichen gesammelten Kraft – doch das Ziel ist die Zerstörung.

Träger des Zen waren vor allem die Samurai, die bis vor hundert Jahren die herrschende Gesellschaftsschicht in Japan bildeten. Nur Samurai durften Waffen tragen – nur Samurai durften Harakiri begehen.

Es besteht im Westen eine gewisse Tendenz, Harakiri zu heroisieren. Dabei übersieht man meist, daß in vielen, wohl sogar in den meisten Fällen durch Harakiri nur ein gerichtliches oder gesellschaftliches Todesurteil vollstreckt wurde – ähnlich wie die in starren Ehrbegriffen befangene Gesellschaft in Deutschland früher einem Offizier nach gewissen Verfehlungen zumutete, sich selbst zu erschießen –

oder von einem unschuldig Beleidigten erwartete, daß er außer der Beleidigung auch noch im Duell den Tod empfing ... nur um seine Ehre zu retten.

Berühmt und oft zitiert (weil zu einem Kabuki-Stück verarbeitet) ist die Geschichte der 47 Samurai, deren Herr Harakiri begehen mußte. Er war von einem anderen beleidigt worden und hatte in einer Zornesaufwallung, ohne die festgefügten Regeln der Aufforderung zum Duell zu beachten, im Palast seines obersten Lehnsherrn, des Shogun, sein Schwert gezogen. Dafür hatte der Shogun ihn zum Tode verurteilt. Seine 47 treuesten Gefolgsleute schworen dem Beleidiger ihres Herrn Rache. Als sie nach Jahren ihr Ziel erreichten und das abgeschlagene Haupt des Beleidigers vor dem Grab ihres Herrn niederlegten, begingen auch sie alle Harakiri. Dabei wird oft vergessen, zu erwähnen (weil es dann weniger heroisch klingt), daß der oberste Gerichtshof unter dem Vorsitz des Shogun damals – es war im Jahr 1704 – alle 47 Samurai für ihren Rachemord zum Tode verurteilt hatte. Nur weil sie Samurai waren, durften sie zur Wahrung ihrer Ehre den ersten Dolchstoß mit eigener Hand führen und wurden erst dann geköpft.

Es gab gewiß auch Fälle, in denen ein ergebener Diener seinem Herrn freiwillig in den Tod gefolgt ist, doch bestand schon seit 1663 ein Gesetz, das diesen Brauch untersagte und den beteiligten Familien harte Strafen androhte.

In Europa war das übrigens kaum anders. Hans Reiner schreibt in seinem Buch über »Die Ehre«: »Die neuzeitliche Duellsitte breitete sich im 16. Jahrhundert aus. Die alsbald überall erneut und verstärkt einsetzenden staatlichen und kirchlichen Verbote blieben trotz strenger Strafbestimmungen wenig wirksam.«

Im alten Japan hatte ein Herr seinem treuesten Gefolgsmann ausdrücklich untersagt, ihm in den Tod zu folgen. Doch als es soweit war, verhöhnte die Gesellschaft den »Hinterbliebenen« und nannte ihn feige, verletzte und beschmutzte dadurch seine Ehre und erwartete alsdann von ihm, daß er sie wieder reinwasche. Wie wäscht man seine Ehre wieder rein? Durch Harakiri, durch einen »schönen Tod«: »Beim Sterben den Ausdruck des Leidens aus dem Antlitz zu bannen, das ist männlich.«

Man stirbt gekleidet in einen weißen Kimono auf einem weißen Laken, wie eine Blüte, eben gepflückt …

Meinc Mutter bewahrt zu Hause in Japan den Dolch unserer Familie auf: eine leicht geschwungene Klinge mit schräg abgesetzter Spitze und zarten eingeschmiedeten Wolkenmustern entlang der Schneide. Meine Finger haben die spiegelnde Fläche der Klinge berührt. »Schütze deine Ehre mit dem Tod.«

Was für eine Ehre? Ich spürte die Kälte des Stahls.

Zurückschauend sind wir geneigt zu sagen, die Ehre, die in Japan damals durch Harakiri – oder in Deutschland im Duell – verteidigt wurde, sei die äußere Ehre gewesen. Die Beteiligten mögen sie als ihre ganze Ehre empfunden haben. Dafür haben sie ihr Leben geopfert – oder opfern müssen. Für die Ehre der Familie – für die Ehre des Vaterlandes.

Wie die Kamikaze-Flieger.

Kamikaze – göttlicher Wind – nannten die Japaner den Taifun, der zweimal hintereinander, 1274 und 1281, die Invasionsflotte des mongolischen Chinesenkaisers Kublai-Khan, Dschingis-Khans Enkel, vernichtete.

Ein solcher göttlicher Wind sollten auch die jungen Freiwilligen sein, die sich für das Vaterland – 1944/45, als der Krieg gar nicht mehr gewonnen werden konnte – mit ihren Flugzeugen auf die Schiffe des Feindes stürzten. Nur die Besten durften es sein, junge Menschen, begeisterungsfähig. »Wie die weißen Kirschblüten, die ein Windstoß zu den Wolken hinaufträgt, so werdet auch ihr eins werden mit dem Himmel.«

Goro Mano wartete auf das Startsignal. Das Bodenpersonal hatte die Kanzel seines Flugzeuges von außen zugeschraubt. Der Pilot saß eingeklemmt in der engen Kanzel. Vor sich den laufenden Motor, hinter sich die Bombenladung. Im Tank Benzin nur für den Hinflug. Er sah die Startbahn – dahinter nichts. Er wartete auf das Startsignal.

Jahre später, als ich Goro kennenlernte, war er Zen-Schüler. Als wir einmal zusammen durch einen Garten in Kyoto gingen, erzählte er mir dies alles in schmucklosen Worten.

»Woran dachten Sie zuerst«, fragte ich ihn, »als das Startsignal ausblieb und Sie erfuhren, daß der Krieg zu Ende sei?«

Goro blieb stehen und sah lange still auf die Erde. Dann traten Tränen in seine Augen, und er begann wortlos weiterzugehen.

Ich dachte an Goro, als ich vor kurzem einen kleinen Jungen weinen sah. Sein Großvater schimpfte mit ihm: »Ein richtiger Junge weint nicht – da lachen dich ja alle aus!«

Doch die Mutter zog ihren Sohn an sich und sagte zu ihm: »Weine dich ruhig aus. Das wird dich davor bewahren, so hart zu werden wie die anderen, die vielen, vielen anderen.«

Held aus dem Dschungel

Wer kennt hier schon Yokoi? In Japan kennt ihn jeder.

»Das ist doch der Held«, sagen die Leute, »der Held, der durchgehalten hat.«

Wenn jemand sagt: »Ein Verrückter«, wenden sich die anderen ab, senken die Augen und die Stimme, entfernen sich mit einem unguten Gefühl. Über Yokoi darf man nur das Beste sagen. Ihn verrückt zu nennen ist unjapanisch.

Yokoi war zum Helden geworden, als er Ende Januar plötzlich aus dem Dschungel kam, der die Südseeinsel Guam wie ein dichter Pelz überzieht. Seit langem war in Japan immer wieder die Vermutung geäußert worden, daß es auf Guam noch Überlebende geben müsse – Soldaten, die es bei Kriegsende vorgezogen hatten, sich in den Dschungel zurückzuziehen statt in den Tod zu gehen oder in amerikanische Gefangenschaft. Über Jahre hinweg hatte man immer wieder Flugblätter über dem dichten Tropenwald Guams abgeworfen.

»Der Krieg ist längst vorbei«, stand auf den Flugblättern, »es ist Frieden ... kommt heraus.«

Man hatte aus Flugzeugen und Hubschraubern mit Lautsprechern in den Dschungel hineingeschrien: »Der Krieg ist aus – ergebt euch – niemand tut euch etwas zu Leide – niemand trägt euch etwas nach.«

Aber Jahr um Jahr war vergangen, das Kriegsende lag um mehr als fünfundzwanzig Jahre zurück.

Dann trat Yokoi aus dem Dschungel hervor, zum Skelett abgemagert, sagte: »Ich bin Yokoi, Feldwebel der Kaiserlichen Armee, dem Kaiser treu ergeben.«

In Wirklichkeit hatten guamesische Bauern ihn ergriffen, als er geschwächt und halb krank, auf dem Feld versuchte, Mäuse zu fangen, von denen er sich schon seit siebenundzwanzig Jahren ernährt hatte – roh –, neben gestohlenen Feldfrüchten und Wurzeln aus dem Wald, die sich als genießbar herausgestellt hatten. Zwei Kameraden hatten mit ihm das Dschungelleben geteilt mitsamt dem Wahn, daß es noch eine unbesiegbare Kaiserliche Armee gebe. Die beiden Kameraden waren gestorben.

Als Yokoi mit dem Flugzeug nach Japan zurückgebracht wurde und in Tokyo auf dem Flughafen vor die Fernsehkamera trat, trug er ein zerrissenes Hemd und eine alte Hose, die von einem Militärriemen gehalten wurde. Er trug zwei Tontöpfe, in denen sich die Asche seiner beiden verstorbenen Kameraden befand.

Er trat vor die Mikrophone und sagte mit derber,

schnarrender Stimme: »Ich habe überlebt, weil ich den Glauben an den Tenno nie verlor.«

Eine Welle der Sympathie schlug ihm entgegen. Die Regierungsvertreter, die zu seinem Empfang gekommen waren, zeigten sich gerührt. Ein Taumel der Begeisterung wehte durch das Land. Alte Gefühle erwachten.

»Dieser Yokoi hält uns den Spiegel vor«, sagten die Leute, »wir müssen uns schämen.«

Plötzlich artikulierten sich lautstark Zweifel am Sinn des modernen, des heutigen Lebens.

Plötzlich wurde gesagt, daß in Japan das Leben doch nurmehr aus Konsum und Sex bestehe, daß es falsch gewesen sei, die alten Werte wegzuwerfen und statt dessen Gleichheit, Freiheit und Demokratie einzuführen.

Plötzlich wurde die alte Zeit wieder die gute Zeit genannt, als es noch Treue gab, Pflichtgefühl und Disziplin.

»Ich habe überlebt, weil ich den Glauben an den Tenno nie verlor«, hatte Yokoi einer erschrockenen Öffentlichkeit verkündet.

»Dieser Mann hat ausgeharrt«, sagten sich die Leute, »weil er die Kraft des Glaubens besaß, des Glaubens an die Größe Japans, und wir …«

Binnen weniger Tage gingen Spenden in Millionenhöhe für Yokoi ein. Sogar die Minister stifteten Geld – man sagt, aus ihren Gehältern. Tausende von Frauen erboten sich, dem Held aus dem Dschungel die Jahre der Entbehrung zu vergelten.

Jedes Wort, das der alte Feldwebel von sich gab – inzwischen rasiert, neu eingekleidet und auf Regierungskosten in einem Sanatorium wieder aufgepäppelt –, wurde von der Öffentlichkeit als Botschaft aufgenommen, über die Medien verbreitet, von Mund zu Mund kolportiert.

»Wir müssen uns besinnen«, hieß es, »was es bedeutet, Japaner zu sein. Japaner sein bedeutet, Treue und Gehorsam zu üben, eine japanische Seele in sich zu tragen, die so rein ist, daß sie allen Verlokkungen des leichten Lebens widersteht.«

Yokoi hatte Japan erschüttert. Japan atmete schwer.

»Aber der Mann ist doch ein Deserteur«, sagten einige und durften sich dabei auf andere berufen, die über jeglichen Verdacht unjapanischen Denkens erhaben waren. Denn am Kriegsende bestand der strikte Befehl, in den Tod zu gehen. Den ganzen Krieg über war jedem Soldat eingetrichtert worden, daß der Feind ohnehin keine Gefangenen mache, daß es eine Schande sei, dem Tode ausweichen zu wollen.

Daß es eine Genfer Konvention gab, die dem gefangenen Soldaten die Menschenrechte garantierte, war den Japanern nie – weder dem zivilen Volk noch den Soldaten an der Front – mitgeteilt worden. Deswegen starben Zigtausende von Soldaten, die sicher noch gern weitergelebt hätten, auf Guam und anderswo. Sie mußten sich selbst töten oder wurden von ihren Vorgesetzten niedergemacht. Auch die japanischen Zivilisten, die es in den besetzten Territorien gab, Männer, Frauen, Kinder, wurden mit Bajonetten niedergemetzelt oder auf den Südseeinseln über steile Klippen ins Meer gestürzt, bevor die Amerikaner kamen.

Yokoi war also – strenggenommen – ein Deserteur. Er sagte, es habe ihm, als es soweit war und der Feind Guam schon besetzt hatte, niemand den Befehl gegeben, sich zu töten. Deshalb sei er in den Dschungel gegangen – mit seinem Gewehr – und habe gewartet, ob der Tenno ihn noch einmal rufe. Er habe sein Gewehr jahrelang geputzt, wie es sich für einen treuen japanischen Soldaten gehört. Nur der Mangel an Öl zum Einölen des Laufes habe schließlich zur Zerstörung der Funktionstüchtigkeit seines Gewehres geführt.

Yokoi ist doch kein Deserteur, entschied einhellig die große Mehrheit, er hat seine japanische Seele bewahrt. Er hat sie bewahrt durch tropische Regenmonate hindurch, Jahr für Jahr, mehr als zweieinhalb Jahrzehnte lang, unbeeindruckt von Hunger, Krankheit, Angst. Deshalb mußte Yokoi ein Held sein – nicht wegen seines Überlebens, sondern wegen der Rettung seiner japanischen Seele.

Ein Dummkopf, flüsterten manche hinter vorgehaltener Hand, denn er hat doch nach eigenem Eingeständnis mehrmals im Urwald die Flugblätter gefunden, hat die Lautsprecherstimmen gehört.

»Ich habe das für Feindpropaganda gehalten«, betonte Yokoi immer wieder aufs neue, »Japan ergibt sich nicht.«

Inzwischen ist die Mehrheit wieder zur Konsumbejahung zurückgekehrt. Nur manchmal werden die Augen feucht, wenn der Name Yokoi fällt.

Vielleicht kommt irgendwann wieder so ein Held, bei dessen Anblick die Japaner von der Erinnerung an alte hehre Werte überwältigt werden. Gedanken an Treue, Blut und Boden blühen dann wieder auf. Daß ein solcher Held noch einmal aus den Wäldern einer ehemals kriegsumtobten Südseeinsel kommt, ist unwahrscheinlich. Dort sind die letzten Deserteure nach menschlichem Ermessen inzwischen im Dschungel verstorben.

Vielleicht kommt der nächste Held aus den Kreisen der ganz Jungen, die selbst kein Leid erfahren haben und deshalb die alten Werte wieder verklären.

Nicht die Maske verlieren

Den Ostasiaten sagt man nach, sie legten großen Wert auf ihr Gesicht, nicht auf das Gesicht, das man pudern, schminken oder rasieren kann, sondern auf das Gesicht, das man verlieren kann – aber tunlichst nicht verlieren sollte. Die Japaner seien darin, so sagt man, besonders empfindlich.

Was ist das Gesicht eines Menschen? Im Deutschen denkt man dabei meist sogleich an das »wahre Gesicht«, von dem jeder Mensch nur eins hat. Dieses zu verlieren muß in der Tat schrecklich sein.

Für Japaner ist aber das Gesicht, vor dessen Verlust

man sich hüten sollte, nicht das wahre, das einzige Gesicht.

In dem alten chinesischen Schriftzeichen, welches »men« ausgesprochen wird und in allen japanischen Ausdrücken vorkommt, die etwas mit dem Verlust des Gesichtes zu tun haben, zeigt sich ganz deutlich ein Gesicht, das man vor ein anderes Gesicht hält: »men« heißt also gar nicht »Gesicht«, sondern »Maske«.

Im Deutschen ist, so wurde ich belehrt, der Ausdruck »sein Gesicht verlieren« relativ jung. Er soll aus dem Englischen übernommen worden sein, wo der entsprechende Ausdruck heißt: »to lose one's face«. Dort hat aber das Wort »face« weniger die Bedeutung von Physiognomie als vielmehr von: »Ansehen, Prestige«.

Wenn ich mich nicht sehr täusche, bemüht man sich in Deutschland auch sehr um das Ansehen, insbesondere um das Ansehen der eigenen Person. Dabei trägt man mit Vorliebe anderen Menschen gegenüber ein Gesicht zur Schau, von dem man nach einigem Nachdenken wohl auch sagen kann, daß es nicht weit von einer »Maske« entfernt sei.

Das japanische Gesicht ist vielschichtig. Das Ausmaß, in dem sich Japaner um ihr eigenes Gesicht bemühen, ist vielleicht gar nicht ungewöhnlich, doch sie geben sich auch schreckliche Mühe um das Gesicht anderer Leute.

Das ist die Essenz japanischer Höflichkeit: »Verhalte dich so, daß der andere sein Ansehen wahren – besser noch – vermehren kann.«

Welch ein Altruismus. Um die eigene (Pseudo)-bescheidenheit in Worte zu kleiden, bietet die japanische Sprache eine unendliche Vielfalt von Ausdrücken – die deutsche Sprache ist auch nicht gerade arm daran ...

Die amerikanische Sprache ist relativ frei von aufwendigen Höflichkeitsfloskeln. Als ich von Amerika nach Deutschland kam, mußte ich mich sozusagen wieder etwas japanisieren. Anfangs, wenn mich jemand fragte: »Wohnen Ihre verehrten Eltern in Japan?« antwortete ich: »Ja, meine verehrten Eltern wohnen in Japan.« Bis ich dann langsam begriff, daß es durchaus nicht gleich ist, ob man sagt »mein Gatte« oder »Ihr Gatte«.

Man weiß nie so recht, wo die Höflichkeit beginnt, in Heuchelei überzugehen. Heuchelei ist ein schrecklich moralisches Wort. Dies auf japanische Höflichkeit anzuwenden wäre ungerecht. Bisweilen beklagen sich Europäer nach einem Japanbesuch bitterlich über die japanische Heuchelei: »Sie sagen mit dem freundlichsten Gesicht lächelnd: Ja – und erst später merkt man, daß es eigentlich ein Nein gewesen ist.«

Wenn z. B. jemand einen Japaner, einen in westlichen Denkschemata nicht geübten Japaner, zum Abendessen einlädt, so wird dieser Japaner sich sehr erfreut zeigen. Der Einladende, wenn er in japanischen Denkschemata nicht geübt ist, wird dies als Zusage interpretieren. Sehr zu Unrecht, denn die offen gezeigte Freude des Japaners ist zunächst noch völlig neutral. Selbst wenn er sofort genau wüßte, er kann der Einladung nicht Folge leisten, ist es für ihn unvorstellbar, in nackten Worten eine Absage zu erteilen. Er fühlt sich zunächst verpflichtet, dem Einladenden zu zeigen, wie sehr er sich über die Einladung freut. Durch eine behutsam eingeflochtene Nebenbemerkung wird er aber dann zu verstehen geben, daß er – leider – verhindert sein wird.

Dieses Spiel funktioniert gut unter Japanern, aber schlecht, wenn ein uneingeweihter Ausländer daran beteiligt ist.

Schnauze

Wenn ein japanischer Schauspieler in Japan in einem Theaterstück die Rolle eines Europäers übernehmen soll, so muß er weitausholende Gesten üben, mit den Armen in der Luft herumschwenken, mit den Schultern zucken, seine Augen verdrehen und sein Gesicht zu Grimassen verziehen können. Seine vielen Worte wird er auf der Bühne mit Handbewegungen, Schulterheben und Kopfnicken begleiten. Dann weiß jeder japanische Zuschauer: Aha, das soll ein »gaijin« sein, ein Abendländer.

Die geringfügigen Unterschiede, wie sie z.B. zwischen einem typischen Sizilianer und einem typischen Hannoveraner bestehen, verwischen sich aus japanischer Sicht wegen der großen Entfernung, genauso wie ja Europäer ihrerseits Japaner, Koreaner und Chinesen nicht auseinanderhalten können und diese gegebenenfalls noch mit einem Siamesen oder einem Tibetaner verwechseln.

Unter den Europäern erscheinen mir die Deutschen vielleicht noch als die reserviertesten, als die sparsamsten in ihren Bewegungen und in ihrer Mimik. Deswegen lächeln die Deutschen auch am meisten über die Südländer, die mit Händen und Füßen reden. Den Südländern wiederum ist die Zugeknöpftheit der Nordländer unheimlich. Sie halten sie für Undurchdringlichkeit und vermuten dahinter berechnende Kälte.

Die Deutschen wissen natürlich, daß das nicht stimmt, denn sie kennen sich selbst ja als sehr herzlich.

Die Unbeweglichkeit der japanischen Mimik scheint jedoch noch den steifsten Deutschen unheimlich zu sein.

»Angenommen«, so schrieb mir ein Bekannter, »ich sehe zu, wie auf der Straße ein Mensch brutal zusammengeschlagen wird. Zeigt sich auf meinem Gesicht Entsetzen – oder, umgekehrt, Freude –, so werden mich die Leute für sensibel – oder für sadistisch halten, auf jeden Fall aber für ›menschlich‹. Bleibt mein Gesichtsausdruck jedoch unbeteiligt und starr, so wird man vor mir noch mehr Grauen empfinden als selbst vor dem Schläger.

Sehe ich japanische Gesichter z. B. in japanischen Filmen, so erschreckt mich stets ihre maskenhafte Unbeweglichkeit selbst in den grauenhaftesten Szenen. Die Japaner erscheinen mir daher in besonders extremem Maß und unter Ausschaltung jeglicher innerer Beteiligung zur Grausamkeit befähigt.«

Es ist unter Theater- und Filmregisseuren kein Geheimnis, daß man gerade bei der Darstellung extremer Situationen den nachhaltigsten Effekt durch *understatement* erzielen kann. Unerträglicher Schmerz wirkt nicht dadurch unerträglich, daß der Schauspieler unerträglich laut schreit. Ein starrer, erstarrender Gesichtsausdruck, Fingernägel, die sich lautlos ins Fleisch graben, das wirkt viel dramatischer. Aber darum geht es hier nicht. Es geht hier um die Schwierigkeit, die Mienensprache eines anderen Volkes zu verstehen.

Schon innerhalb Europas, von Süden nach Norden und von Westen nach Osten, gibt es Unterschiede und entsprechende Schwierigkeiten. Um so mehr, wenn es um die Mienensprache eines Volkes aus einem völlig anderen Kulturkreis geht.

Ich kann in einem japanischen Gesicht Gefühlsregungen lesen, wo ein Europäer nur eine völlig unbewegliche Maske zu sehen glaubt. Ich kann hinter ein japanisches Lächeln schauen und dort Zorn, Trauer, höfliches Unbeteiligtsein erkennen und eventuell sogar die Freude, die dieses Lächeln hervorgerufen haben mag. Es sind mikroskopisch kleine Änderungen im Ausdruck, die ein Europäer nicht sieht. Für ihn ist alles Lächeln, ohne zu wissen, warum.

Die relative Unbeweglichkeit der japanischen Mimik muß ich geradezu als Vorteil bezeichnen: auf einer stillen Wasserfläche bleiben auch der leiseste Windhauch oder das Vorbeihuschen eines Fisches nicht unbemerkt. Europäische Gesichter sind dagegen wie rauschende Wildbäche.

Ich möchte die mimische Unbeweglichkeit der Japaner an sich nicht verteidigen. Ich persönlich glaube, daß es einem natürlichen menschlichen Drang entspricht, Gedanken und Emotionen in Bewegungen umzusetzen. Aber als vornehm gilt dies in Japan nicht. In Deutschland übrigens auch nicht. Das merkt man gleich, wenn man hierzulande des öfteren in besseren Kreisen verkehrt, z. B. in akademischen oder gar professoralen Kreisen.

Die mimische Unbeweglichkeit der Japaner ist anerzogen. Es gilt als unfein und kindisch, Gefühlsregungen zu zeigen, von großartigen Gefühlsausbrüchen ganz zu schweigen. Die Männer insbesondere sollen sich zusammenreißen. Wenn die Frauen, die schwachen Frauen, sich manchmal ein wenig gehenlassen und sogar Tränen vergießen, so wird das mit Nachsicht behandelt, aber ein Mann ... nein, ein Mann muß hart sein.

Der gesellschaftliche Zwang, in allem äußerste Zurückhaltung zu üben, ist eine Art Konformismus, wie ihn der Ferne Osten unter dem Einfluß des Konfuzianismus entwickelt hat. Die noch heute vielfach gültige Reaktionsweise der Japaner wurde in jener 250 Jahre andauernden Epoche völliger Abgeschlossenheit des Landes geprägt, die vor hundert Jahren zu Ende ging. In dieser Epoche spielten in dem einem modernen Spitzelstaat ähnlichen Japan drei unschuldige Tierchen eine große Rolle: »mi-saru«, »iwa-saru« und »kika-saru« , die drei Affen, die jeder Deutsche als Nippesfiguren kennt.

Die drei Affen verdanken ihren Weltruf als Symbol japanischer Volksschläue einem rein phonetischen Zufall, denn »saru« heißt auf japanisch einerseits »Affe«, andererseits ist dies aber auch eine alte Verneinungsform. »mi-saru«, »iwa-saru« und »kika-saru« bedeutet also in der Tat »nichts sehen«, »nichts sagen« und »nichts hören«.

Wären die drei Affen Deutsche, so würden sie proklamieren: »Reden ist Silber, Schweigen ist Gold«, ... auf berlinerisch: »Schnauze ...«

Skepsis bei Wörtern

Ein in Japan oft gespieltes Spiel geht so: In zwei Reihen sitzen je fünf bis zehn Teilnehmer einander gegenüber. Der erste in jeder Reihe erhält einen Zettel, auf dem ein bestimmter Sachverhalt steht. Diesen Sachverhalt flüstert er seinem Nachbarn zu, dieser gibt ihn seinem nächsten Nachbarn weiter und so fort. Bei diesem Spiel geht es immer sehr lustig zu, denn das, was die beiden letzten am Ende der Flüsterreihe als das ihnen Zugetragene verkünden, hat meist nur noch geringe Ähnlichkeit mit dem ursprünglichen Text.

Diese Spiel wird von Kindern im Kindergarten gespielt, von Schülern bei Schulausflügen, von Erwachsenen im Kollegenkreis, bei Betriebsausflügen und ähnlichen Gelegenheiten. Die Themen variieren, werden mit dem Alter anspruchsvoller oder gewagter. Die Bezugsmöglichkeiten sind unerschöpflich.

Was das Spiel aber jedes Alter lehrt, ist die Skepsis gegenüber dem Wort. Worte werden verändert, wenn sie von Mund zu Mund getragen werden. Scheinbar klare Sachverhalte kehren sich um oder geraten in ein anderes Licht. Der Sinn ändert sich. Was vorher harmlos erschien, kann unversehens eine pikante Nuance erhalten. Meist ist es das Groteske an der Sache, das – beim Spiel – die Leute zum Lachen bringt.

Aber das Wissen bleibt haften, daß Worte immer etwas Trügerisches an sich haben, daß man sich nie auf sie verlassen soll und ihnen auch nie ganz glauben kann.

Dieses Wissen ist längst in den japanischen Alltag eingezogen und hat das Verhältnis der Japaner zum Wort geprägt. Vielleicht war es auch umgekehrt – vielleicht haben die Japaner nur deshalb ein solches Gesellschaftsspiel erfunden, weil sie ohnehin schon wenig von Worten hielten.

Deshalb ist Japan in gewisser Weise ein stummes Land. Es wird dort zwar viel geplaudert, gezwitschert und gelacht, aber wenn es um das Wesentliche geht, beginnt die Wortlosigkeit.

Wortlos werden bei der Teezeremonie die Handreichungen vollzogen, wortlos werden die Blumen gesteckt, wortlos sitzt der Zen-Meister mit seinen Schülern während der Meditation, wortlos betrachten die Besucher eine Gartenlandschaft, ein Bild, eine Schriftrolle.

Worte – so empfinden es die Japaner – würden das Wesentliche nur zerstören.

Das viele Reden im Plauderton, das man im Alltag in Japan hört, hat eine andere Funktion. Es plätschert fröhlich dahin, berührt immer nur Belanglosigkeiten, dient dem Vergnügen mehr als der Information, führt nie zum Gedankenaustausch oder gar zum verbalen Schlagabtausch. Niemand nimmt einen anderen beim Wort.

Worte sind in Japan etwas, das man leicht daherredet – etwas, das fließt und sprudelt –, etwas, in dem die Komplimente schwimmen wie Sonnenflecken auf der Wasseroberfläche.

Worte dienen der Unterhaltung. Es tut gut, wenn man zusammensitzt, gemeinsam über irgend etwas zu schimpfen oder über irgend jemanden, der abwesend ist, zu lästern. Man freut sich oder klagt über das Wetter, über die Preise, über die Moral, über die schlecht erzogene Jugend von heute und über die bestechlichen Politiker – man tut es in unterhaltsamer Weise, ohne eifernden Ernst.

Die wichtigste Funktion der japanischen Sprache besteht darin, eine angenehme Atmosphäre der Unverbindlichkeit zu erzeugen. Worte drücken weniger Meinungen aus als vielmehr Stimmungen.

Worte werden so miteinander verknüpft, daß nie ganz klar wird, was man wirklich denkt.

Eigene Gedanken gehören zu den Geheimnissen, die von den Japanern am sorgsamsten gehütet werden. Sie verbergen sie in sich, umhüllen sie mit unbestimmten Worten, zeigen zu allem, was sie sagen, eine unverfängliche Miene, sagen oft gar nichts, sondern ziehen nur einfach geräuschvoll die

Luft ein, ziehen sie durch die angefeuchteten Zahnlücken und stoßen sie erleichtert wieder aus. Statt die eigenen Gedanken einer lauernden Umwelt preiszugeben, übt man sich in kleinen Freundlichkeiten, die wenig bringen, aber auch nichts kosten. Sie machen die Stimmung gut und erleichtern das Zusammenleben.

Man äußert nicht die eigene Meinung, sondern vertritt Ansichten, die sich der Sachlage entsprechend ändern lassen. Dank der besonderen Struktur der japanischen Sprache – und des japanischen Denkens – ist es nie schwer, zu einer bestimmten Ansicht auch gleich die passende Gegenansicht mitzuäußern. Das macht es möglich, nirgendwo anzuecken und sich nach sorgsamem Umhören später immer noch jener Ansicht anzuschließen, die sich allmählich als die allgemeine Meinung herausgestellt hat.

Japaner halten an ihren privaten Gedanken wie an einem privaten Eigentum fest. Sie mögen es nicht, wenn ihre Gedanken zum öffentlichen Eigentum werden, wo sie von anderen Leuten belauert, belacht, aufgegriffen, seziert oder widerlegt werden könnten. Japaner fühlen sich dann rasch bloßgestellt. Sie verharren zwar meistens noch eine Zeitlang friedlich lächelnd, aber irgendwann bricht der Damm.

Oft unerwartet heftig.

Aus alldem ergibt sich, daß Japaner Schwierigkeiten haben im Umgang mit Leuten, die dezidiert ihre Meinung vertreten. Sie sind nicht daran gewöhnt, sich mit Meinungen auseinanderzusetzen. Vor allen Dingen erzeugen konträre Meinungen allgemeines

Unbehagen. Wer in Japan versucht, seine eigenen Meinungen eindeutig zu vertreten, stößt gegen eine Wand. Man mag Leute nicht, denen die Geduld fehlt, sich dem langwierigen, oft ermüdenden Prozeß der allseitigen Meinungsbildung zu unterwerfen – Leute, die nicht bereit sind, erst einmal überall herumzuhören, die Gefühle der anderen zu ertasten und schließlich auch eine eventuell vorhandene eigene Meinung zugunsten der allgemeinen Meinung zu vergessen.

Und am wenigsten mag man Leute, die in aufdringlicher Weise ihre Meinung durchzusetzen versuchen. Mit lautstarken Äußerungen erreicht man in Japan ohnehin nicht viel. Man erzeugt dadurch nur unangenehme Gefühle.

Schlimm ist es deshalb in Japan um den Parlamentarismus bestellt. Er wurde vom Westen übernommen, weil er sich dort bewährt hatte. Aber die Japaner stellte er vor eine neue Situation.

Plötzlich gab es also da ein Wahlsystem, das aus hundert Millionen Japanern fünfhundert Einzelpersonen aussortierte, die sich in aller Öffentlichkeit, in einem großen Amphitheater, im Debattieren üben sollten.

Das parlamentarische System verlangte von jenen Fünfhundert, daß sie eine feste Meinung hatten, daß sie diese Meinung zu ihrem Standpunkt machten, daß sie an diesem Standpunkt festhielten und ihn gegen alle Angriffe verteidigten. Alle Fünfhundert sollten in der Lage sein, aggressive Reden zu halten, die schwachen Argumente der Gegenseite zu erkennen, zu zerpflücken, zu widerlegen. Sie sollten eigene, bessere Argumente vorbringen und dem politischen Gegner Wortgefechte liefern.

So etwas tut der japanischen Seele weh.

Ab und zu ergeben sich im japanischen Parlament Situationen, wo das allgemeine Unbehagen, das man beim Anhören der Reden der politischen Gegner ohnehin schon empfindet, in Magenkrämpfe und Muskelzuckungen umschlägt.

Als Vorstufe dazu nehmen die Zwischenrufe lawinenartig zu.

»Dummkopf!«

»Glatzschädel!«

»Halt's Maul!«

Auch unsachliche Bemerkungen fallen: »Geh in den Puff – das hast du allmählich nötig.«

Die Redner reagieren auf solche Vorschläge meist leicht irritiert, senken die Köpfe noch tiefer über ihre Redemanuskripte und wiederholen ihren letzten Satz. Sie sehen nicht dorthin, wo schon die Fäuste in die Luft stoßen, wo Magenkrämpfe die Gesichter verzerren, wo es schon die ersten Parlamentarier von ihren Sitzen reißt. Immer mehr springen auf, gestikulieren und machen noch wildere Zwischenrufe, so daß sich schließlich der Parlamentspräsident veranlaßt sieht, mit seiner Glocke zu bimmeln und höflich um Ruhe zu bitten. Aber meistens sind dann schon die ersten Angreifer auf dem Weg nach vorn.

Der glücklose Redner versteckt sich hinter dem Rednerpult, klammert sich ans Mikrophon und liest mit immer kleiner werdender Stimme sein Manuskript ab. Inzwischen springen seine Fraktionskollegen über Tische und Bänke, stürzen ebenfalls nach vorne, um einen Schutzwall um ihn zu bilden. Meistens aber flattern dann schon die Manuskriptseiten des Redners durch die Luft.

Der Parlamentspräsident, der sich seinem Amt verpflichtet fühlt und immer noch für Ruhe plädiert, bekommt die ersten Nasenstüber ab, der Redner verliert seine Krawatte und ein paar Hemdenknöpfe dazu. Schnell hat sich um das Rednerpult herum ein unentwirrbares Knäuel von mehreren Dutzend aufgeregter Parlamentarier gebildet, die bemüht sind, Manuskriptseiten zu erbeuten, beziehungsweise zu retten, Brillen herunterzuschlagen und Hosenträger abzureißen.

Die Schläge haben Karate-Format, kommen hart und kurz aus unerwarteten Richtungen, werden von drohenden Pavianlauten begleitet, die nur durch die begeisterten Zurufe des Publikums oben auf der Empore übertönt werden.

Dort sitzt das Volk und fühlt sich wie im Kabuki-Theater. Man brüllt, feuert an, freut sich über die gelungene Darbietung.

»Feste.«

»Gib's ihm.«

»Noch einmal«, dringt es aus rauhen Kehlen.

So finden die Worte zu ihrer ursprünglichen Funktion zurück, für die sie im japanischen Alltagsleben vorgesehen sind – Stimmungen wiederzugeben, zu untermalen und zu steuern.

Irgendwann endet auch der schönste Tumult.

Dann macht sich bei den Emporegästen wie auch bei den abgekämpften Parlamentariern unten im Saal das Gefühl breit, daß die Auseinandersetzung mit Worten, wie sie im Parlament geübt werden sollte, doch nicht zur japanischen Seele paßt.

Der Parlamentspräsident hebt noch einmal seine Bimmelglocke und erklärt mit etwas müder Stimme, daß die Sitzung beendet sei und daß die Themen des Tages zur näheren Beratung an die Ausschüsse überwiesen würden.

Nachrichten

Um sechs Uhr früh beginnt in Japan der Tag. Dann fangen auf allen Kanälen die Fernsehprogramme an.

In regelmäßigen Abständen werden – fast stündlich – Nachrichten gesendet. Nur wenn spätnachmittags oder abends die großen Quizsendungen laufen, wenn die vierundachtzigste Folge der gerade aktuellen Familienserie oder die siebenundsechzigste Folge der immer wieder fesselnden Samuraigeschichte gesendet wird, liegen zwei volle Stunden zwischen den Nachrichten. Das Volk wird gut auf dem laufenden gehalten. Japan hatte schon früh seinen eigenen Fernsehsatelliten.

Die bekannte Melodie ertönt, mit der die Nachrichten eingeleitet werden, mitreißend, aufregend, spannend. Eine sonore Stimme sagt: »Bitte, hören Sie jetzt Nachrichten.«

Dann springt ein riesiger Schreibtisch ins Bild, dahinter ein kleiner Mann. Ernst dreinblickend, noch jung, sehr gefaßt. Er trägt ein dezentes Gesicht, einen dezenten Anzug, ein weißes Hemd. Dazu eine dezente Krawatte. Er verbeugt sich höflich vor der Kamera, bis es aussieht, als wolle er seinen Schreibtisch küssen.

Er wiederholt mit fester Stimme: »Bitte, hören Sie jetzt Nachrichten.«

Danach tritt eine Pause ein.

Der Sprecher sagt: »Zunächst die Zusammenfassung der wichtigsten Ereignisse des Tages.«

Auf dem Bildschirm leuchtet eine Schrifttafel auf, auf der das steht, was der Nachrichtensprecher sagt.

»Die Regierung hält Steuersenkungen für möglich, aber nicht zum derzeitigen Zeitpunkt ...«

Die Schrifttafel bleibt so lange im Bild, bis man sicher sein kann, daß auch der letzte Taubstumme im Land sie gelesen hat. Während dieser Zeit sitzt der Sprecher mit gesenktem Blick, straff, gefaßt und regungslos da, bis er den nächsten Nachrichtenpunkt verkünden kann.

»Die japanische Wirtschaftsentwicklung im ersten Halbjahr verlief günstig ...«

Wieder wartet er, bis die Schrifttafel, die das gleiche sagt, erlischt. Durch ein fast unmerkliches Kopfnicken kündigt er an, daß er zum nächsten Punkt übergehen kann.

»Der fünfzehnte Taifun des Jahres hat an der Küste und auch im Inland großen Schaden angerichtet.«

Auf der Schrifttafel erscheinen die Worte synchron.

Danach folgen die Nachrichten im einzelnen. Vor-Ort-Reportagen beleben das Geschehen. Der Finanzminister blickt hoffnungsvoll in die Röhre, dämpft aber gleichzeitig übereilte Hoffnungen auf Steuererleichterungen.

»Wir müssen an unsere Wirtschaft denken«, sagt er, »und daß wir alle Japaner sind.«

Die Kamera verweilt geduldig auf seinem Gesicht, während er nach Worten sucht.

»... in einer wichtigen Phase kommt es darauf an, daß alle Japaner solidarisch sind mit der Regierung.«

Die Kamera schwenkt, während der Minister spricht, quer durch sein Arbeitszimmer, um zu zeigen, wie hoch sich dort die Aktenstapel türmen und wie beschäftigt ein solcher Minister ist. Entsprechend unterwürfig bedankt sich der Reporter für das ihm gewährte Interview.

Der Finanzminister sagt abschließend: »Ich habe Vertrauen in unsere Zukunft, weil wir doch alle Japaner sind.«

Der Taifun hat schrecklich gewütet. Der Nachrichtensprecher gibt die erreichten Windgeschwindigkeiten an, sagt, wie tief der Luftdruck gefallen war und wie lange der Regen andauerte.

»Wir zeigen jetzt einen Film«, sagt der Nachrichtensprecher und wendet sich mit seinem Oberkörper zur Seite.

Der Film zeigt windgepeitschte Kiefern an der Küste, haushohe Brecher und einige Kinder im Schlamm. Eine Reporterstimme sagt voller Anteilnahme: »Diese armen Kinder suchen ihre Mutter.«

Der Film zeigt die weinenden Kindergesichter in Großaufnahme.

»Wir hoffen, daß ihre Mutter sich nicht unter den zahlreichen Taifunopfern befindet«, sagt die gleiche Reporterstimme in fast schon weinerlichem Ton.

»Mein Haus, mein Haus«, klagt ein alter Mann. Die Kamera schwenkt auf die Trümmer eines Hauses.

»Dieser alte Mann«, sagt die Reporterstimme, »klagt über den Verlust seines Hauses.«

Anderswo reinigen Dorfbewohner schon die verschlammten Straßen und schaffen die Trümmer weg. Die Kamera zeigt ihre fleißig zupackenden Hände. Dann werden abgeknickte Blumen vorgeführt, um symbolhaft die zerstörerische Wucht des Taifuns zu zeigen.

Eine Stimme sagt: »Die Trümmer werden bald restlos beseitigt sein, weil wir als Japaner in allen Lebenslagen fest zusammenkleben.«

Ein hoher Vertreter der Provinzregierung wird im Bild gezeigt, wie er in Gummistiefeln durch den Schlamm watet, gefolgt von einer Schar dankbarer Dorfbewohner. Er gibt auch vor der Kamera ein Interview ab, in dem er allen Opfern des fünfzehnten Taifuns das herzlich empfundene Mitgefühl der Provinzregierung zum Ausdruck bringt. Er müsse selber weinen, sagt er, und wischt sich über die Augen.

Der Nachrichtensprecher erscheint wieder und ist

ebenfalls sichtlich gerührt. Er erinnert daran, daß Japan im Vorjahr von insgesamt dreiunddreißig Taifunen heimgesucht wurde.

»Wir haben jetzt noch nicht einmal die Hälfte überstanden«, sagt er.

In Tokyo ist eine junge Frau überfallen und ermordet worden. Auf dem Bildschirm erscheint das Konterfei der Toten aus glücklichen Tagen. Gleichzeitig werden der Name, das Alter und die genaue Adresse angegeben, auch der Name, das Alter und der Beruf ihres Mannes. Dann wird das Haus gezeigt, in dem der Mord geschah, und Nachbarn werden befragt, wie die Ermordete als Mensch gewesen sei. Alle haben Tränen in den Augen und sagen Gutes über sie. Der Kriminalkommissar wird gezeigt, der sich des Falles annehmen soll.

Er sagt: »Wir als Japaner können stolz darauf sein, daß wir die höchste Aufklärungsrate in der Welt haben.«

Er blickt zuversichtlich in die Kamera.

Vor der Küste von Hokkaido ist ein besonders großer Fisch gefangen worden. Die Kamera zeigt den lachenden Fischer und seinen Fang. Dann schwenkt sie zum Blick aufs Meer. Eine Stimme sagt, wie wichtig das Meer für uns als Japaner sei.

Dann folgen Auslandsnachrichten. In Südamerika ist ein Flugzeug abgestürzt. Ein Japaner ist unter den Opfern. Sein Bild wird gezeigt, sein Name genannt, seine Adresse angegeben. Es folgt ein Interview mit der Witwe.

In Deutschland gehen die Vorbereitungen zum Oktoberfest zügig voran. Lederbehoste Bayern hüpfen über den Bildschirm. Eine Japanerin wird gezeigt, die eine Maß Bier hochstemmt.

Aus Paris werden die neuesten Kreationen der Haute Couture für das kommende Jahr gemeldet. Die Kamera zeigt, daß bei der Modeschau japanische Einkäufer in der ersten Reihe sitzen und eifrig Notizen auf ihre Handzettel schreiben.

In New York sei das dritte japanische Großhotel eröffnet worden. Die Kamera war bei der Feier dabei und nahm insbesondere den Gouverneur von New York im Gespräch mit dem japanischen Generalkonsul auf.

In Riad wurde ein neues Abkommen über Öllieferungen für Japan abgeschlossen. Die Kamera zeigt den Scheich im weißen Burnus und einen zufrieden lächelnden japanischen Delegationschef.

Zum Schluß kommt der Wetterbericht. Eine zwitschernde Frauenstimme, lieblich und zart, ein wenig kleinmädchenhaft, kündigt an, daß die Kraft des fünfzehnten Taifuns gebrochen sei und daß man nach den letzten abziehenden Regenwolken wieder mit Sonne über ganz Japan rechnen könne.

Journalisten fragen – Politiker antworten

Es ist noch nicht lange her, daß in Tokyo ein wichtiger Schritt vorwärts auf dem Weg zur völligen Demokratisierung getan wurde. Während früher Journalisten, die hochstehende Politiker, insbesondere Minister, befragen wollten, ihre Fragen vorher schriftlich formuliert beim zuständigen Presseamt der Regierung einreichen mußten, ist das nun nicht mehr nötig. Heute werden auch Journalisten zu den regelmäßigen Pressekonferenzen der politischen Prominenz zugelassen, die unvorbereitete Fragen stellen dürfen.

Das wird dann im Fernsehen gezeigt.

Der Minister saß in einem schwarzen Ledersessel, die Beine männlich lässig gespreizt, die Hände breit auf die leere Schreibtischplatte vor sich gelegt. Die Kamera fing das Bild des Ministers von allen Seiten ein, schließlich sogar von hinten, und schwenkte dann langsam von der riesigen Schreibtischplatte hoch auf die vor ihm sitzenden Journalisten. Die Perspektive täuschte. Der Schreibtisch des Ministers stand auf einem Podest, und die Journalisten saßen weit von ihm entfernt, etwas tiefer, auf Stuhlreihen.

Einer räusperte sich und machte sich bemerkbar.

»Herr Minister«, fragte er, »entschuldigen Sie, daß ich so vorlaut bin, aber würden Sie mir gestatten, eine Frage an Sie zu richten?«

Der Minister nickte.

»Meine Frage ist wahrscheinlich recht einfältig«, sagte der Journalist, »an und für sich eigentlich auch überflüssig, aber trotzdem wäre ich Ihnen, Herr Minister, zu großem Dank verpflichtet, wenn Sie mir sagen könnten, was die nächsten Pläne der Regierung hinsichtlich des dringenden Problems der Abfallbeseitigung sind.«

Die Kamera schwenkte auf den Minister zurück, der bedächtig die Luft zwischen den Zähnen einzog und zu erkennen gab, daß er dabei sei, sich eine Antwort zu überlegen.

Während der Stille, die nun folgte, zeigte die Kamera die Darstellungen auf dem kostbaren goldenen Faltschirm, der im Rücken des Ministers stand und den passenden Hintergrund für ihn abgab. Dann zeigte die Kamera wieder die Journalisten, die stumm auf den Stuhlreihen hockten und der ersten Antwort des Ministers harrten.

»Also«, begann der mit einem kräftigen Räuspern, »es ist für die Regierung eine der vordringlichsten Aufgaben unserer Zeit, für das Wohlergehen aller Bürger zu sorgen. Der zuständige Ressortleiter in meinem Ministerium hat schon alle erforderlichen Schritte in die Wege geleitet, um eine Kommission zu bilden, die eine Rangfolge der zunächst zu behandelnden Fragen aufstellen soll. Von der Arbeit dieser Kommission, deren Vorsitz ich auf Wunsch des Premierministers führen soll, erhoffen wir uns eine baldige und durchgreifende Lösung der anstehenden Probleme.«

Der Minister schloß seine Rede mit einem langgezogenem Räuspern, was für einen zweiten Journalisten das Signal war, seine unvorbereitete Frage zu stellen.

»Herr Minister«, sagte der zweite, »entschuldigen Sie, wenn ich als zweiter das Wort ergreife und Sie bitte, auch mir eine Frage zu gestatten.«

Der Minister zündete sich eine Zigarette an, und die Kamera zeigte bei dieser Gelegenheit, daß der Aschenbecher auf einem kostbaren geklöppelten Deckchen aus Brüsseler Spitzen stand, um Kratzer auf der Schreibtischplatte zu vermeiden.

»Was sind die Motive Ihres politischen Handelns?« fragte der zweite Journalist.

Der Minister schien von der Tragweite dieser Frage nicht überrascht zu sein. Er antwortete gleich: »Um es ganz konkret zu sagen – ich bin schon immer für eine ehrliche und offene Politik eingetreten, bei der das Wohl Japans und aller Japaner im Vordergrund steht.«

»Glauben Sie, daß jetzt die Zeit für eine solche Politik gekommen ist?« fragte ein weiterer Journalist, nicht ohne sich vorher für seine Frage gebührend entschuldigt zu haben.

»Wir müssen bei uns selbst anfangen«, sagte der Minister und blickte zuversichtlich in die Kamera, »wir müssen zurückfinden zum wahren Kern des japanischen Menschen, zur wirklichen Natur seines Seins, und eine Politik machen, die den vieldimensionalen Wunsch der Menschen – aller Menschen auf der Welt – nach Wohlstand und Frieden erfüllt.«

Die Fragestunde zog sich noch lange hin. Längst war die erste Zigarette des Ministers zu Ende geraucht, und er hielt die dritte oder vierte zwischen dem Zeigefinger und dem Mittelfinger.

Die fragenden Journalisten nickten ergeben bei jedem Ministerwort und machten sich eifrig Notizen.

Nur einmal kam etwas Bewegung in die Runde, als einer etwas fragte, was den Minister für Sekunden in Verlegenheit brachte. Aber er fing sich schnell wieder, während alle Journalisten beschämt den Kopf gesenkt hielten, weil einer von ihnen die Harmonie der Fragestunde gestört hatte.

Samurai im Oxford Cut

Drei Tage lang wurde in der kleinen Provinzfiliale jeder Winkel geputzt, jede Gardinenfalte geglättet, jede tote Fliege aus den Lampengehäusen entfernt. Das schon einige Jahre alte Teeservice wurde durch ein neues ersetzt. Die weiblichen Filialangestellten gingen am letzten Tag, ohne daß jemand ein Wort darüber verloren hätte, zum Friseur. Alle männlichen Filialangestellten ließen sich die Haare waschen und schneiden. Sie kamen am dritten Tag mit frischen chemisch gereinigten Anzügen zum Dienst, und ihre Schuhe rochen nach Schuhcreme. Der Filialleiter trug neue Manschettenknöpfe und eine neue, dazu passende Krawattennadel.

Um vier Uhr dreißig sollte der Hauptaktionär der Bank, der gleichzeitig Vorstandsmitglied in der Zentrale in Tokyo war, eintreffen. Man hatte vorsorglich den Parkplatz vor der Filiale freigehalten, indem man zwei leere Cola-Kisten auf die Straße gestellt hatte.

Der rangniedrigste Filialangestellte, ein Banklehrling, der vorn am Fenster saß, sollte den Parkplatz vor der Tür im Auge behalten.

Den ganzen Tag über hatte bereits Rauchverbot bestanden, weil man wußte, daß der erwartete hohe Gast Nichtraucher war. Eigentlich hatte niemand ein Rauchverbot erlassen, aber nachdem der Filialleiter in einen Nebensatz hatte einfließen lassen, daß seines Wissens der hohe Gast Nichtraucher sei, waren alle Aschenbecher von den Tischen verschwunden. Nur vorne, an der Theke, wo der Kundenverkehr stattfand, stand noch ein Aschenbecher aus Glas. Er wurde jede halbe Stunde geleert und mit einem feuchten Tuch ausgewischt.

Als der hohe Gast eintraf, herrschte eine völlig normale Arbeitsatmosphäre an allen Arbeitstischen. Die Filiale war für den Kundenverkehr schon geschlossen, aber an jedem Platz wurden Zahlen addiert, Auszüge sortiert, Bargeld gezählt. Niemand blickte länger als nötig auf, als der Filialleiter mit dem hohen Gast durch den Raum ging und ihm die normale Arbeitsatmosphäre zeigte. Der hohe Gast war ein grauhaariger Herr, in einen dezenten grauen Anzug gekleidet – Oxford Cut – mit grauer Krawatte, an der eine diamantenbesetzte Krawattennadel glitzerte.

Der Filialleiter hielt, während er abgehackt und mit viel Atem zu dem hohen Gast sprach, den Kopf so weit vorgeneigt, daß seine Nackenlinie fast waagerecht verlief und einen rechten Winkel mit dem Rückgrat bildete.

Zusammen mit dem Stellvertretenden Filialleiter,

der sich Mühe gab, seinen Nacken noch waagerechter zu halten, gingen der hohe Gast und der Filialleiter in das nur durch eine Glaswand abgetrennte Besprechungszimmer. In dem Raum, in dem die Angestellten an ihren Schreibtischen arbeiteten, blieb der Duft eines Pariser Parfums hängen, edelherb.

Im Besprechungszimmer standen ein Sofa und fünf Sessel. Alle mit schwarzem Leder bezogen und seit drei Tagen nicht mehr benutzt.

»Aber, meine Herren«, sagte der hohe Gast jovial und machte eine humorvolle Bemerkung, doch bevor er sich nicht in den Ehrensessel gesetzt hatte, den ihm der Filialleiter mit ehrfurchtsvoll zuckender Hand zugewiesen hatte, nahm niemand Platz.

Der Filialleiter paßte auf, daß sein Hintern den Sessel fünf Sekunden später berührte als der Hintern des hohen Gastes den seinen. Der Stellvertretende Filialleiter ließ weiterc respektvolle drei Sekunden verstreichen.

Kurz darauf wurden dampfend heiße Frotteetücher gebracht, damit jeder sich Gesicht und Hände abreiben konnte. Die weiblichen Bankangestellten, denen diese besondere Aufgabe zugeteilt worden war, zeichneten sich durch Lautlosigkeit aus. Auch der außerordentlich gute Tee, der danach gebracht wurde, wurde mit der allergrößten Artigkeit serviert.

Der hohe Gast saß entspannt und breitbeinig in seinem Sessel. Seine Stimme war leise und angenehm, seine Worte zeugten von Verständnis und menschlicher Wärme.

Der Filialleiter pflichtete allem bei und lachte bei

den humorvollen Stellen. Der Stellvertretende Filialleiter hielt die Knie zusammengepreßt, als trüge er einen Minirock.

Die Besprechung zog sich bis nach sechs hin. Es wurde halb sieben und sieben Uhr. An allen Schreibtischen wurden noch immer Zahlen addiert, Auszüge sortiert und Geldscheine gezählt. Ab und zu hoben sich die Köpfe.

»In welches Lokal lädt er uns heute abend ein?« fragten sich die Bankangestellten.

»Ich habe Hunger«, sagte einer.

Alle lachten lautlos.

»Ob er uns ins Minami oder ins Kita einlädt?«

»Natürlich ins Minami oder vielleicht sogar ins Nishi – das hat mehr Niveau.«

»Und danach?« sagte einer und stieß einen neidvollen Seufzer aus. Die Mädchen kicherten. Es wurden Blicke gewechselt, weil jeder wußte, daß der hohe Gast bestimmt nur die drei Rangobersten der Filiale, vielleicht auch noch den vierten, anschließend in den Night Club einladen würde.

Alle blickten unauffällig den Oberbuchhalter an, der in der Rangordnung hinter dem Stellvertretenden Filialleiter an dritter Stelle stand. Der Oberbuchhalter blickte angestrengt auf den Computerausdruck, der vor ihm auf dem Schreibtisch lag. Seine auffällige Konzentration verriet, wie sehr er sich auf den Night Club freute. Beim Rangvierten am Schreibtisch vor ihm spielte ein hoffnungsvolles Lächeln in den Mundwinkeln. Er war sich seiner Sache sicher. Wenn nicht jetzt, dann im nächsten Jahr, dachte er bei sich.

Der Banklehrling vorn am Fenster konnte seine Aufregung fast nicht verbergen. Er war zwar schon mehrmals mit den anderen abends nach Dienstschluß zur Vertiefung der kollegialen Beziehungen einen trinken gegangen, aber eine richtige Einladung zum Abendessen in einem guten Restaurant hatte er noch nicht erlebt. Daß auch er es einmal so weit bringen würde, zum anschließenden Night-Club-Besuch qualifiziert zu sein, erschien ihm als ein fernes, erstrebenswertes Ziel.

Er drückte mir besonders herzlich die Hand. Es tat mir weh. Er sah mich mit leuchtenden Augen an.

»Nicht wahr«, sagte er, »wir sind Verbündete – immer schon gewesen.«

Zwei Minuten vorher hatte ich ihn kennengelernt. Er sagte, er sei schon oft in Japan gewesen. Geschäftlich.

»Wir Deutsche könnten eine Menge von den Japanern lernen«, sagte er, »das wird mir immer wieder bewußt, wenn ich in Japan stundenlang mit meinen Geschäftspartnern verhandle. Da geht es oft um komplizierte Details, um knifflige Finanzierungsfragen und um Bruchteile von Prozenten. Ich bin immer nervös. Und die Japaner? Die sitzen einfach da und haben unendliche Geduld. Sie lächeln. Sie lächeln bei jeder Situation. Ein paarmal bin ich schon fast explodiert, weil mir der Geduldsfaden riß und weil ich vielleicht zu viel Kaffee getrunken hatte. Aber wirklich, das muß ich sagen, meine japanischen Freunde haben mir das nie übelgenommen.«

Ich sagte ihm, er habe wirklich außerordentlich gute Geschäftsfreunde in Japan. Er nickte begeistert.

»Wirklich, das stimmt«, sagte er, »wenn meine Freunde aus Japan hierher nach Deutschland kommen, weiß ich gar nicht, wie ich mich revanchieren soll. In Japan habe ich immer wieder eine so große Gastlichkeit genossen. Ich kann gar nicht alles einzeln aufzählen, womit mich meine japanischen Geschäftsfreunde schon verwöhnt haben.«

Besser nicht alles einzeln aufzählen.

»Dabei sind die Japaner so bescheiden.« Er blickte mich wieder mit seinen leuchtenden Augen an. »Stellen Sie sich vor, als ich das letzte Mal in Japan eine Betriebsbesichtigung machte, trug der mich begleitende Generaldirektor einen grauen Overall und war von den Arbeitern nicht zu unterscheiden.«

Ich sagte: »Weil jeder sein Gesicht kennt.«

»Aber er ist wie einer von ihnen.«

Das scheint so.

»Dabei läuft in dem Betrieb alles so reibungslos.«

Lautlose Autorität.

Die alten Samurai gibt es nicht mehr. Nur in Filmen treten sie noch auf. Sie stürmen waffenklirrend über die Leinwand, reiten in wilden Scharen, stoßen ihre Kampfschreie aus. Sie sind furchtlos, gehorsam, diszipliniert. Sie sind ihrem Herrn ergeben bis in den Tod. Sie nehmen auf Befehl alle Mühen auf sich, leben frugal, verachten Frauen, kennen nur das ihnen von oben her angetragene Ziel.

Die edelsten Samurai kämpfen lautlos. Sie schreiten, in farbenprächtige Gewänder gehüllt, aufeinander zu – die Schwerter gezogen –, bis sie sich so dicht gegenüberstehen, daß jeder den Atem des anderen im Gesicht spürt. Ihre Mienen strahlen Ruhe aus. Kein Flackern der Augen verrät die Konzentration. Sie lächeln sich in rätselhaftem Schweigen an, bis beide im gleichen Augenblick das Schwert zum Schlag hochreißen. Derjenige, der um eine Hundertstelsekunde schneller war, bleibt am Leben. Der andere ist tot. Der Sieger schreitet gelassen davon, das unbewegte Lächeln im Gesicht.

Die Samurai waren Krieger – eine geschlossene Kaste, geformt in Jahrhunderten ständiger Kriege –, allerdings gab es danach eine zweihundertundfünfzig Jahre andauernde Friedensperiode, zehn Generationen lang. In jener Zeit gab es wenige Gelegenheiten, die Schwerter zum Schlag zu heben und Todesmut zu zeigen. Die Filme, in denen kämpfende Samurai aus jener Zeit gezeigt werden, beziehen sich auf seltene Ereignisse, die sich hier und dort zugetragen haben.

Die große Masse der Samurai war mit Verwaltungsaufgaben beschäftigt. Sie bewahrten zwar ihre Traditionen, hielten ihre Samuraitugenden hoch, übten sich in Kampfspielen, waren ihrem Herrn treu ergeben, auch immer bereit, zu den Waffen zu greifen, falls Gefahr drohte, aber ihr täglicher Dienst bestand eher darin, die Ländereien der großen Feudalherren zu betreuen, in deren Auftrag die ländlichen und städtischen Verwaltungsaufgaben zu koordinieren, die Einhaltung der Gesetze zu überwachen, das Schulsystem aufzubauen. Dafür bekamen sie Gehälter.

Die Samurai waren also eigentlich Beamte. Sie waren eine straff organisierte, streng hierarchisch orientierte Elite, die das Land regierte.

Als vor wenig mehr als hundert Jahren die alte Feudalstruktur abgeschafft und – nach damaligem europäischen Vorbild – der Tenno als absoluter Monarch eingesetzt wurde, vollzog sich der innere Übergang fast nahtlos. Die Samurai legten zwar ihre Schwerter ab und trugen nicht mehr ihre traditionellen Gewänder, aber sie blieben auch im neuen Staat die wichtigste Kraft. Sie übernahmen die Ministerien, gründeten die Universitäten, koordinierten die anlaufende Produktion des modernen Industriestaates.

Die Samurai waren die Elite. Daß sie daneben auch die neuen Streitkräfte aufbauten, die binnen weniger Jahrzehnte China und Rußland besiegten, Korea und Taiwan annektierten, die Mandschurei besetzten und schließlich ihren glücklosen Waffengang gegen Amerika unternahmen, ist fast nicht so wichtig wie ihre Dominanz im japanischen Wirtschaftsleben.

Dort wirken sie heute noch – streng hierarchisch orientiert, treu ergeben, diszipliniert, nach außen hin scheinbar gelassen, aber voller Konzentration, zielstrebig, von Kampfgeist erfüllt. Der dezente Anzug – Oxford Cut –, das leicht getönte Hemd, die geschmackvolle Krawatte und das gefällige Pariser

Herrenparfum dienen der Eroberung von Marktanteilen.

Lächeln des Buddha

In Nara sitzt ein lächelnder Buddha auf einem Lotosblumenpodest. Aus zeitloser Vergangenheit blicken seine halb geschlossenen Augen in eine zeitlose Zukunft.

Aber heute ist ein großer Tag. Aus Dutzenden von Omnibussen quellen Hunderte von fröhlich schnatternden Mädchen. Keine ist jünger als achtzehn, keine ist älter als vierundzwanzig, und alle müssen unverheiratet sein. So verlangt es der Aufsichtsrat.

Im Halbkreis stellen sich die Mädchen dicht gedrängt vor den lächelnden Buddha. Die Leiterin der Mädchenschar – eine soignierte Enddreißigerin – bittet um Ruhe. Ruhe stellt sich ein. Streng blickt die Leiterin über die schwarzen Köpfe und beginnt mit ihrem Exposé.

Sie sagt, dem Lächeln komme in den Beziehungen zwischen Menschen eine besondere Bedeutung zu. Ein Lächeln erzeuge freundliche Mienen, auch bei denen, die gerade unfreundlich sind. Ein Lächeln löse die Spannung, ein Lächeln befreie, ein Lächeln beruhige und wirke fast immer entwaffnend. Wo die Sprache versagt – etwa bei Ausländern –, wirke ein Lächeln stets Wunder. »Dies«, so sagt die Leiterin, »sollt ihr euch als Japanerinnen gut merken.«

Ein Raunen geht durch die Mädchenschar. Jede einzelne ist stolz, zu den Auserwählten zu gehören, die man die Blumen der Weltausstellung nennt. Tausend junge, frische, duftende Blumen.

»Schaut euch das Lächeln Buddhas an«, fährt die Leiterin fort und hebt einen grazilen Zeigefinger zu Buddha hin, »sein Lächeln kommt aus der Tiefe eines in sich ruhenden Gemüts. Das Lächeln sagt uns: Alles geht vorbei – Ärger, Freude, Verlust, Gewinn. Aus diesem Lächeln schöpft der Mönch die gleiche Kraft wie der Geschäftsmann. Das ist das Geheimnis des Buddha. Ein solches Lächeln sollt ihr jetzt üben.«

Die Mädchen üben. Sie üben angestrengt. Jeder Ansatz zum Kichern wird durch die strafenden Blicke der Leiterin versengt.

»Lächeln ist eine Waffe«, sagt sie, »der Umgang mit ihr will gelernt sein.«

Die Mädchen erhalten eine Ausbildung wie Guerillakämpferinnen, diese zarten Blumen. Eine Gruppe wurde in die Berge gebracht, wo ein Staudamm ist. Dort sollen sie alles über Elektrizität lernen, denn ihre Aufgabe wird es sein, im Pavillon der japanischen stromerzeugenden Industrie zu dienen. Sechs Wochen lang sollen sie in engem Kontakt zum Staudamm leben. Tägliche Gymnastik, Fußmärsche, Dauerläufe, Kletterpartien machen sie fit.

Andere Blumen sind auserkoren, in der japanischen Oberbekleidungsindustrie zu blühen. Sie sollen busenlos sein wie die internationalen Mannequins und lange Beine haben. Bei der Unterbekleidungsindustrie werden andere Anforderungen gestellt. Dort will man zeigen, wozu man Mieder braucht.

Im Hause Santory Whisky hat man schon vor Jahren begonnen, Santory-Publicity-Girls zu züchten, abgekürzt SPG. Es ist gar nicht so einfach, einen Whisky-Mix richtig zu shaken. Die SPGs beherrschen diese Kunst in voller Harmonie mit anderen Körperbewegungen.

Gefährlich leben die Blumen der Perlen- und Schmuckindustrie. Man rechnet dort mit einigen Verlusten.

Unmenschliche Anforderungen stellt der Pavillon des Buchhandels an seine Blumen: sie sollen hübsch und belesen sein.

Ob eine Oma die Hitze nicht erträgt …

ob ein Kind seine Eltern verliert …

ob ein technisch interessierter Herr seinen Finger in eine laufende Maschine steckt …

ob ein Hitzkopf im Seerosenteich Kühlung sucht …

ob einer in der Schlange vor den Toiletten nicht mehr länger warten kann …

ob ein allzu erotischer Ausstellungsbesucher die Blume in einer Ecke gerne entblättern möchte …

»… für alle Eventualitäten müßt ihr gerüstet sein«, so spricht die Leiterin zu den vor Buddha versammelten Blumen, »ihr müßt Augen vorne und hinten haben.«

Mit solchen Augen, Buddhas Lächeln und einer durch Judo verbürgten Standfestigkeit werden diese Blumen für die japanische Wirtschaft blühen.

Rückenschrubben

Oft hört man, daß eine japanische Ehefrau ihrem Mann, wenn er müde von der Arbeit kommt, im Bad den Rücken schrubbt. Überhaupt sollen alle Japanerinnen jenes hohe Maß an Hingabe besitzen, die ihnen das Schrubben des Rückens eines Mannes zur selbstverständlichen Aufgabe werden läßt.

Deutsche Frauen haben da eine andere Einstellung. Selbst wenn sie ihrem Hund in einsamen Haushaltsnachmittagsstunden liebevoll den Rücken kraulen, so besagt das nicht, daß sie das gleiche abends auch bei ihrem Mann tun. Sie unterscheiden sehr bewußt zwischen Hund und Mann.

Viele Japanerinnen kraulen seit urdenklichen Zeiten den Männern den Rücken. Das sind solche Japanerinnen, die im Gästegewerbe beschäftigt sind und für die das Dienen ein Beruf ist.

Bekanntlich gibt es in Japan Tausende von heißen Quellen. Sie sprudeln vielerorts aus den vulkanischen Felsen, wurden schon vor Jahrhunderten in Badebekken geleitet, die oft romantisch schön zwischen Kiefern und Azaleen liegen, von moosbewachsenen Felsen umsäumt. Von diesen heißen Quellen gibt es so viele, daß das Baden in Japan zur täglichen Selbstverständlichkeit geworden ist, obwohl es heute natürlich viel mehr Japaner gibt, als in den vulkanischen heißen Quellen Platz haben. Trotzdem – die Tradition ist da.

Auch die Schrubbefrauen haben Tradition. Sie kamen früher mit ihrem Luffaschwamm zu den

Badenden an den Rand der Badebecken in der freien Natur und boten gegen ein kleines Entgeld an, ihnen den Rücken zu schrubben.

Gegen ein etwas höheres Entgelt griffen sie zur Shamisen und machten Musik.

Gegen ein noch etwas höheres Entgelt zogen sie in kleinen, nahe gelegenen Nischen die Vorhänge zu und sich selbst aus.

Heute heizt man das Badewasser vorzugsweise mit Elektrizität oder Gas. In jeder großen Stadt, in Tokyo ganz besonders, florieren die türkischen Bäder. Nach Büroschluß strömen die abgearbeiteten Büroangestellten und die Geschäftsleute mit ihren Geschäftsfreunden dorthin, um sich einen Baderaum und einen Kübel mit dampfend heißem Wasser zuweisen zu lassen.

Bevor sie ins Bad steigen, lassen sie sich von zarter Frauenhand am ganzen Körper einseifen, abspülen und den Rücken schrubben.

Danach dünsten sie in dem brühend heißen Badewasser, während die Schrubbefrau geduldig neben dem Badekübel wartet. Sie trägt Shorts und einen Büstenhalter. Ab und zu reicht sie dem Kunden ein Tuch zum Schweißabwischen.

Träge öffnet der Kunde im Bad ein Auge und dreht sich knurrend um. Er hebt seinen Rücken aus dem Wasser zum Zeichen, daß er noch mehr geschrubbt werden möchte. Mit erfahrener Hand reibt die Schrubbefrau mit ihrem Luffaschwamm über den Kundenrücken. Der Badegast räkelt sich, reckt sich, dreht der Schrubbefrau seine Flanken und die Bauchseite zu und läßt sich anschließend wieder prustend ins heiße Wasser gleiten.

Wenn er dem Bad entsteigt, krebsrot und dampfend, erwartet ihn die Schrubbefrau mit einem ausgebreiteten Handtuch und rubbelt ihm den Rücken trocken.

Danach kommt die Massage. Die Rückenpartien werden tüchtig durchgewalkt, der Hüftenspeck mobilisiert, die Bein- und Armmuskulatur gelockert.

In allen türkischen Bädern lebt die Tradition fort. Gegen ein angemessenes Aufgeld steht die Schrubbefrau auch ohne Shorts zur Verfügung.

Danach begibt sich der Kunde auf den Heimweg, denn zu Hause wartet schon die eigene Ehefrau. Er sagt beim Eintritt in die Tür: »Heute hat's mal wieder etwas länger im Büro gedauert.«

»Macht nichts«, sagt die Ehefrau mild. Sie hat inzwischen schon die Kinder ins Bett gebracht und das Wasser in die Badewanne gelassen. Sie ruft ihren Mann zu sich ins Bad.

»Schrubb mir den Rücken«, befiehlt sie ihm, und er greift brav zum Luffaschwamm.

Seit Puccini seine Zuckermusik über Madame Butterfly ausgegossen hat, träumt's sich gut von den süßen Geishas. Exotisch, zerbrechlich, zart – so trippeln sie, in einen teuren und farbenprächtigen Kimono gehüllt, durch die Straßen des Geisha-Viertels. Von Touristen bestaunt, unzählige Male photographiert. Scheu lächelnd verschwinden sie durch unscheinbare Türen, hinter denen man eine Welt, reich an alter Kultur, vermutet.

Zahllos sind die Klischees. Man glaubt, die Geishas seien verwöhnte Geschöpfe, Töchter aus gutem Haus, die die traditionsreiche japanische Kultur pflegen, diese Kultur vor dem Verfall bewahren, sie hochhalten und weitertragen.

Sie seien glänzende Unterhalterinnen, vielseitig gebildet, hochgestellte Künstlerinnen, perfekt in Musik, Tanz und Gesang.

Sie seien Meisterinnen der Teezeremonie und des Blumenarrangements. Sie seien bewandert in Kalligraphie und Dichtkunst.

Man hört auch das Gegenteil. Geishas seien Prostituierte, käufliche Liebesdienerinnen, aufgeputzte Touristenattraktionen.

Ein Mythos der Bewunderung und der Mißverständnisse umgibt die Geishas.

Im Alter von zehn Jahren kommen die Mädchen ins Geishahaus, manche auch erst im Alter von zwölf. Es ist ein Märchen, daß die Geishas Töchter aus gutem

Hause seien. Meist kommen sie aus den untersten Volksschichten. Die Geishahäuser haben stets hohe Prämien für Nachwuchs bezahlt. Noch heute geben arme oder hoch verschuldete Leute ihre Töchter recht gern ins Geishahaus. Sie erhalten dafür Geld, und die Mädchen kommen in eine gesicherte Umgebung. Viele angehende Geishas sind Töchter von Geishas. Sie setzen die berufliche Tradition ihrer Mütter fort.

Um für ihre Aufgabe vorbereitet zu sein, lernen sie Singen, Tanzen und Musizieren. Das kostet viel Geld. Die Kimonos, die die jungen Geishas tragen, sind nicht ihr Eigentum. Sie werden von der Geishahausmutter gestellt. Sie sind viele tausend Mark wert, die erlesensten Stücke einige zigtausend Mark.

Die Geishahausmutter muß jahrelang investieren und aufpassen, daß ihr Geld irgendwann einmal eine Rendite abwirft. Deshalb trachtet sie danach, ihre jungen Geishas ständig im Auge zu behalten, und das geht am besten, wenn sie bei ihr leben.

Man denkt beim Wort »Geisha« gern an vollendete Künstlerinnen. Japaner lächeln nachsichtig und ein wenig amüsiert, wenn sie diese Einschätzung von Ausländern hören. In Wahrheit sind Geishas Animierdamen in Luxusausführung. Sie sollen eine Augenweide für männliche Teehauskunden sein. Sie müssen sie unterhalten können, sie zum Lachen bringen und beim Essen und Trinken bedienen, sie mit ihrer Weiblichkeit locken und ihnen den Wunsch vermitteln: in dieses Teehaus, in dem sie so sehr verwöhnt worden sind, würden sie gern und oft zurückkehren.

Früher, vor hundert und mehr Jahren, als sich Japan noch von der übrigen Welt abschirmte, gab es eine viel größere Anzahl von Geishas und von reichen Kunden, die bereit waren, für einen Geisha-Abend im Teehaus einen hohen Preis zu zahlen. Heute geht die Zahl der Barhostessen in Japan in die Hunderttausende – mit allen Stufen der Verfeinerung. Wirkliche Geishas gibt es nur wenige hundert.

Die Ausbildung der Geishas im Gion-Viertel von Kyoto entspricht noch am ehesten der traditionellen Vorstellung. Die Schulen für Tanz, Gesang und Musik werden von allen Geishahäusern und Teehäusern gemeinsam finanziert. Die Ausbildungskosten müssen die jungen Geishas allerdings später in voller Höhe zurückzahlen. Um so weit zu kommen, sind viele Jahre Einsatz nötig – Tag für Tag, Nacht für Nacht. Deshalb haben die Mädchen nicht die Freiheit, irgendwann aus dem System auszusteigen. Sie sind verpfändet. Wer einmal den Weg der Geisha eingeschlagen hat, bleibt, muß bleiben. Es sei denn – und das ist der stille Traum aller Geishas –, sie finden einen reichen Gönner, der sie von allen Pflichten freikauft. Nur für wenige Geishas erfüllt sich dieser Traum. Sie bekommen dann so viel Geld, daß sie sich selbständig machen können. Die meisten eröffnen irgendwo ein Restaurant, kaufen sich in eine Bar ein oder werden sogar Teehausbesitzerinnen. Nur in ganz seltenen, dafür aber recht berühmten Fällen, vermögen Geishas sich in Ehefrauen zu verwandeln. In der Regel bleiben sie Nebenfrauen.

Japanische Männer, die sich Nebenfrauen halten,

genießen in der Gesellschaft das pikante Renommeé, über Reichtum und männliche Potenz zu verfügen. Fast immer sind es alte Männer, die sich solche Nebenfrauen zulegen. Die meisten Geishas müssen zusehen, daß sie sich mehrere Gönner gleichzeitig angeln. Dadurch werden die Kosten für den Freikauf auf mehrere Taschen verteilt, und mehrere Männer kommen in den Genuß eines erhöhten gesellschaftlichen Ansehens. Sie können dann zwar nicht von sich behaupten, sie hätten eine Exklusivnebenfrau, weil sie die Geisha mit anderen Männern teilen, aber ein gewisses Fluidum umgibt sie doch.

Andererseits muß jede Geisha, die etwas auf sich hält, einen reichen oder mehrere, zumindest wohlhabende Gönner haben, um auf ihre Kosten zu kommen und um ein kleines Stück persönlicher Freiheit zu gewinnen.

Die Geishas sind ein Überbleibsel aus einer vergangenen Zeit. Ihr Leben erinnert noch heute an das alte Japan. Damals war das Leben auf eine fast unvorstellbare Weise beengt – räumlich und geistig.

Die Shogun-Dynastie, eine mächtige Familie, beherrschte Japan von 1603 bis 1868, fünfzehn Generationen lang.

Das Volk war in vier Stände eingeteilt: ganz unten die Kaufleute, etwas besser gestellt die Handwerker, chronisch arm die Bauern und ganz oben, sie alle beherrschend, die stolzen Samurai.

Vor den Samurais mußten sich alle anderen hüten. Die Samurais durften jedem, der ihnen auf der Straße nicht ehrerbietig genug begegnete, kurzerhand den Kopf abschlagen. Deshalb – so sagt man – verbeugen sich die Japaner noch heute vorsichtshalber bei jeder Gelegenheit.

Im alten Japan durfte niemand von seinem Stand in einen anderen überwechseln. Jeder Stand hatte seinen behördlich vorgeschriebenen Wohnbezirk.

Das Leben verlief konfuzianisch – und das hieß: es herrschten strengster Puritanismus und strengste Moral. Aber im Laufe der Zeit wurden die Kaufleute sehr reich. So reich, daß das sorgsam ausbalancierte Sozialgefüge aus den Fugen zu geraten drohte. Der Shogun-Dynastie erschien diese Entwicklung gefährlich. Sie mußte verhindern, daß aus Reichtum politische Macht erwuchs, die ihrer eigenen Macht ebenbürtig wurde. Deshalb sannen die Shogune auf Abhilfe. Sie überlegten, wie man dem angehäuften Geld der Kaufmannschaft ein Ventil verschaffen könne.

So wurde jeder großen Stadt in Japan behördlich ein Viertel verordnet, das außerhalb der strengen Vier-Stände-Gesellschaft stand, ein Bezirk, dessen höherer Zweck dem Geldausgeben gewidmet war, ein Viertel, in dem eine andere als die offizielle Moral herrschte, in dem Luxus und Verschwendung behördlich gefördert wurden: ein Geisha-Viertel.

Wie alles in Japan war das Geisha-System bald perfekt durchorganisiert. Eine zahlenmäßig starke Halbwelt lebte davon. Je kostbarer drapiert man die weiß gepuderten Puppen auftreten ließ, je kostbarer sie also äußerlich erschienen, desto höher war der

Preis. Man steckte Unsummen in die Ausstattung einer Geisha.

Die dicke weiße Puderschicht, unter der das Geishagesicht verschwindet, sah man in früheren Zeiten als höchst erotisch an. Der weiße, entblößte Nacken galt als Sinnbild der Frivolität. Dagegen wird der nackte Körper einer Frau in Japan nicht als attraktiv empfunden.

Die armen Leute gingen weitgehend nackt.

Nackt war man beim Baden.

Nacktheit besaß keine erotischen Attribute.

Die japanische männliche Phantasie entzündet sich viel eher dann, wenn eine Frau auf ungeheuer aufwendige und kostbare Art in viele Kleidungsstücke gehüllt ist.

Umgekehrt waren die Teehausbesitzer – und sind es auch noch heute – ausgekochte Psychologen. Sie haben längst erkannt, daß sich durch hinhaltendes Taktieren mit den Reizen einer Frau der Preis, den die Kunden zahlen, in die Höhe treiben läßt.

Das investierte Kapital konnte man nur wieder hereinholen, wenn man die Puppe mit einer Aura der Unerreichbarkeit umgab. Wer immer sie sich kaufen wollte, sollte sich in dem Gefühl wiegen, daß er ein Juwel erworben hatte.

Nichts beleuchtet dieses perverse Spiel krasser als der Kult, den man mit der Jungfräulichkeit einer angehenden Geisha trieb – und heute noch treibt. Eine Geisha-Novizin wird als »Maiko« bezeichnet. Eine Maiko stellt ein besonders wertvolles Kapital dar. Für ihre Entjungferung wurden – und werden heute noch – absolute Spitzenpreise erzielt. Kunden dafür gibt es immer.

Ein typisches Teehauszimmer hat dünne Wände. Hier werden nicht Geschäftsgespräche geführt, hier wird Atmosphäre geboten. Dazu gehört das opulente Mahl. Teehäuser haben kein eigenes Restaurant. Sie lassen das Essen von außerhalb kommen. Daß die Geishas servieren und den Kunden beim Essen behilflich sind, ist alte Geisha-Tradition.

»Darf ich Ihnen die Fischgräten entfernen?«

Eine gute Geisha wischt dem Kunden auch den Mund ab, geleitet ihn zur Toilette und paßt auf, daß er nicht neben das Becken pinkelt.

Sinn eines Teehauses ist es, in einer extravaganten Umgebung eine gelockerte Atmosphäre zu schaffen. Der Kunde ist König. Japanische Männer zahlen nicht zuletzt dafür, daß es für sie – nach Dienstschluß und bevor sie nach Hause gehen – einen Ort gibt, wo sie sich völlig gehenlassen können. Eine gute Geisha nimmt nichts übel, solange der Kunde gut bezahlt. Deshalb ist es für viele Japaner eine Frage des Prestiges, Kunde in einem renommierten Teehaus zu sein. Man redet darüber, prahlt damit. Man weiß, daß es das Ansehen hebt.

Heute ist das Geisha-System nicht zuletzt auch Bestandteil des Touristengeschäfts. Die Geishas sind eine große Anziehung für Besucher aus Übersee. Deshalb ist man sich im offiziellen Japan einig, daß das Geisha-System seinen scheinbaren Glanz behalten soll. Bunt und schön sollen die Geishas sein, exotisch und lockend.

Keinesfalls käuflich.

Deshalb stehen auch in den offiziellen Werbeprospekten, die die städtischen Verkehrsbüros und die Regierung verteilen – und gerade in ihnen –, die allerschönsten romantischen Geschichten über das, was eine Geisha ist. Nur ihr schimmerndes Äußeres wird dargestellt, ihr Hintergrund bleibt verborgen.

Natürlich liegt über der Gestalt der Geisha ein Hauch von Nostalgie, der Hauch einer vergangenen Zeit, die nie mehr zurückgeholt werden kann.

Ein Schimmer alten Glanzes. Und einer Geisha, die ihren Lebensweg erfolgreich bis zur Stufe der Vollendung gegangen ist, fehlt es nicht an Würde.

In Tokyo, dieser brodelnden Riesenstadt, die schon vor 200 Jahren nach London die größte Stadt der Welt war und damals Edo hieß, blühte einst das Geisha-System.

Hier ist es entstanden.

Hier war der Sitz der Shogunats.

Hier häufte sich das Geld.

Hier mußte es ausgegeben werden.

Wo früher das Yoshiwara-Viertel stand, eine Stadt in der Stadt, floriert heute die Vergnügungsindustrie wie eh und je. Neue Amüsierviertel sind hinzugekommen. Es entspricht dem Zug der Zeit, daß es jetzt vorwiegend Nachtclubs, Bars und Massagesalons sind, die auf ihren Werbeschildern De-Luxe-Behandlungen anbieten.

Nicht viel hat sich verändert.

Die Fassade ist neu.

Die Pop-Musik ist neu.

Neonleuchten ersetzten die alten, roten Lampions aus Papier. Barhostessen verdrängen die Geishas und nehmen ihnen die Kundschaft weg.

Früher saßen die Geishas hinter Gittern, feilgeboten und zum Aussuchen. Die Kunden gingen an ihnen vorbei und sagten, welche sie haben wollten.

Das Geisha-System hat die sublimsten Formen der Prostitution entwickelt. Die Atmosphäre wirkte schon immer kultiviert, elegant und kostbar. Man kann sie noch heute beim Betrachten der alten japanischen Farbholzschnitte nachempfinden, auf denen meistens Geishas abgebildet sind. Aus diesen erotischen Darstellungen scheint eine dem Westen ganz fremde Unbefangenheit zu sprechen, eine reizvolle Natürlichkeit im Verhältnis zur Sexualität, eine Freiheit, die keine moralischen Verklemmungen kennt.

Der Schein trügt.

Die Erotik der Geishas war kommerzielles Kalkül. Das Geishasystem konnte sich nur deshalb in dieser Form entwickeln, weil der Staat ihm jede erdenkliche Förderung angedeihen ließ. Für die Shogune waren die Geisha-Viertel der Markt für den Konsum, den sie brauchten, um ihren Staat zu stabilisieren. Deswegen war es gut, daß die Männer die Geishas konsumierten. Je mehr, um so besser.

Wie bei heutigen Konsumgütern auch, wurde im Laufe der Zeit das Angebot immer reichhaltiger, immer luxuriöser, immer verlockender.

Andererseits gab es die Ehefrauen. Sie waren eingesperrt in die engen Grenzen der Wohlanständigkeit. Ihnen drohten die gesellschaftliche Ächtung und die Todesstrafe, wenn sie auch nur in den Verdacht gerieten, einen sexuellen Fehltritt getan zu haben.

Das Leben der Geishas in Tokyo ist moderner geworden.

Heute ist es selbstverständlich, daß eine Tokyoer Geisha etwas vom Golfspielen versteht, denn für viele spesenreiche japanische Geschäftsleute ist Golf das Gesprächsthema Nr. 1 nach Büroschluß. Eine moderne Geisha muß auch schwimmen können. Denn es kommt immer häufiger vor, daß sie einen Geschäftsmann zu einem Wochenende ans Meer begleiten muß.

Anders als die Barhostessen leben die Geishas meist noch zusammen. Sie bilden eine Clique, die zusammenhält und sich gegenseitig Schutz gewährt. Das zieht viele Mädchen, die vom Land nach Tokyo kommen, stärker an als die Unsicherheit einer Karriere als Barhostess. Ihr Umgangston ist frisch und frei, eine dahinplätschernde Gassensprache, mit Zoten und Worten aus dem Milieu durchsetzt.

Wenn eine Geisha ihre Kunden bedient – reiche, meist ältere Männer, – muß sie eine Rolle spielen, die nichts von ihrem eigentlichen Wesen preisgibt. Sie muß sich verleugnen. Sie muß – gemäß japanischer Tradition – als Frau dienen. Die Männer wollen das so. Eine Geisha darf nie aufmucken, nie ihr wahres Gesicht zeigen.

Alle Geishas sind in einem zentralen Büro registriert. Jedes Geisha-Viertel – sei es in Kyoto, Tokyo, Osaka ...

überall – hat seine Kommandozentrale. Von hier aus werden die Geishas gesteuert und eingesetzt. Die Zentrale ist über jede Stunde im Leben einer Geisha informiert, Tag und Nacht. Die Zentrale ist allmächtig. Hier werden die Preise festgesetzt. Hier wird aufgepaßt, daß jede Geisha ihr Geld einspielt. Hier werden auch die Gebühren eingezogen, von denen eine weitverzweigte Halbwelt lebt.

Eine Geisha kann man nicht direkt bestellen. Das hat nichts mit der Vornehmheit der Geisha zu tun oder mit ihrem »Behütetsein«. Es ist ein kommerzieller Grund: Die Geisha ist eine Ware, die man bei denen bestellen muß, die die Kontrolle über sie ausüben. Man kann eine Geishahausmutter anrufen. Oder direkt die Geisha-Zentrale. Man kann seine Bestellung aber auch bei den Portiers der großen Hotels aufgeben, bei den Reisebüros, bei den städtischen Verkehrsbüros. Und natürlich in dem Teehaus, in dem man sich von Geishas unterhalten lassen will. Sie alle leiten die Bestellung sofort weiter.

Eine Geisha muß gehorsam sein. Sie muß in das Teehaus gehen, das sie angefordert hat. Sie muß pünktlich zum Firmenjubiläum erscheinen, um dort den Ehrengästen die Weingläser zu füllen. Sie muß zur Kaufhauseröffnung gehen, wenn man sie dort haben will, um Geschenke zu verteilen. Sie muß sich auf Anforderung eines Reisebüros zusammen mit Touristengruppen fotografieren lassen.

Wenn sie sich ein- und unterordnet, stets alles tut, was man ihr sagt, bietet ihr das Milieu auch eine gewisse Sicherheit. Sie kann in Ruhe alt werden.

Eine Geisha anzukleiden ist Männerarbeit. Die Kimonos sind so schwer und die breiten Obis, Bauchbinden, so kompliziert gebunden, daß man eine kräftige Hand braucht. Es ist historisch verständlich, daß es in der Geisha-Welt eine Reihe von Männerberufen gibt. In den alten Geisha-Vierteln wurden viele Kinder geboren, Kinder von Kunden und Geishas. Doch für die Knaben mußten andere Berufe gefunden oder geschaffen werden. Der Beruf des professionellen Kimono-Anziehers war früher einmal sehr wichtig.

Diese Profis kamen ständig im Geisha-Viertel herum, und sie erfuhren sehr viel. So wurden aus Kimono-Anziehern oft die heimlichen Bosse, die Drahtzieher im Hintergrund.

Ein Männerberuf, der heute ausgestorben ist, war der des Einkäufers. Noch bis vor vierzig Jahren zogen die Einkäufer durchs Land und kauften den Bauern sieben- bis zehnjährige Mädchen ab, um sie zu Geishas zu machen.

Ohne das großzügige japanische Spesensystem gäbe es heute keine Geishas mehr. Nur weil der Staat es den Firmen erlaubt, sämtliche Kosten, die in den Teehäusern entstehen, von der Steuer abzusetzen, kann das Geisha-System noch immer seinen Luxus entfalten. Jede Beförderungsstufe in den streng hierarisch gegliederten japanischen Firmen und Großkonzernen ist mit bestimmten Spesensätzen ausgestattet. So gilt es als äußerst erstrebenswert, jene höheren Etagen der Hierarchie zu erklimmen, in denen man sich und Firmenkunden von Geishas verwöhnen lassen kann. Abteilungsleiter muß man werden, dann hat man in Japan Zugang zum Geisha-Paradies.

Die Kunden fahren in großen Limousinen vor, mit einem Chauffeur, der weiße Handschuhe trägt. Um die Illusion vom traditionellen Japan aufrechtzuerhalten, werden die Geishas in alten Rikschas durch die Straßen gekarrt. Während die Kunden den Haupteingang benutzen, betreten die Geishas das Teehaus durch den Personaleingang.

Die Kommandozentrale, die irgendwo in einer der Seitengasse liegt, führt auch Buch über die Stammkunden. Nicht aus böser Absicht, sondern um einen besseren Kundendienst bieten zu können.

Bevor eine Geisha zu einem Kunden geschickt wird, erhält sie in der Regel die wichtigsten Angaben über ihn in Stichworten: Was für ein Mensch der Kunde ist. Welchen Rang er in seiner Firma bekleidet. Worüber er gern lacht. Ob er sich leicht zum Singen und Tanzen animieren läßt. Welchen Sport er treibt. Welche Hobbys er pflegt. Ganz wichtig ist: aus welchem Teil Japans er stammt. Gute Geishas sprechen die Dialekte verschiedener Provinzen. Sie müssen dies tun, damit der Kunde sich in ihrer Gegenwart wie zu Hause fühlen kann oder sogar besser als zu Hause.

Andererseits kann ein guter Stammkunde, wenn er einen Geschäftspartner in ein Teehaus einlädt, vorher mit der Teehausleitung ausmachen, welche Geisha seinem Geschäftspartner zugeteilt wird. So kann ein Stammkunde in Absprache mit dem Milieu viel für das Gelingen seiner eigenen Geschäftsinteressen tun, und auch das Geisha-System profitiert davon.

Bevor eine Geisha zu einer Geisha-Party geht, muß sie sich satt gegessen haben. Sonst könnten ihre Augen womöglich hungrig erscheinen, wenn sie erlesene Speisen aufträgt und während des Essens neben dem Kunden sitzt.

Es gehört zur Geisha-Tradition, daß sie auch vor den kostbarsten Speisen ein unbeteiligtes Gesicht zu machen hat.

Daß Geishas tanzen, singen und musizieren, ist selbstverständlich. Ihre Lieder sind heute fast unverständlich. Von feuchten Blumenkelchen ist darin die Rede, die sich dem warmen Regen öffnen. Früher, in der Edo-Zeit, galten diese Lieder als höchst frivol. Auch die Tänze der Geishas – heute ein klassisches Repertoire – waren früher vulgär. Was heute langweilt, wurde damals als erotisch empfunden.

Wie lange eine Geisha-Party dauern soll, ist vorher abgemacht. Für eine zweistündige Party mit erstklassiger Ausstattung, exquisitem Essen, einer Tanz-Darbietung und viel Vergnüglichkeit muß man in einem guten Teehaus etwa 10000 Mark bezahlen.

Alles auf Spesen.

Alles steuerfrei: ein wichtiger Impuls der japanischen Wirtschaft.

Falls ein Kunde überraschend den Wunsch äußert, seine Geisha-Party verlängern zu wollen, so steht dem nichts im Wege. In diesem Fall wird die Kommandozentrale informiert. Sie verfügt stets über fertig geschminkte abrufbereite Geishas, die man dort einsetzen kann, wo durch eine unerwartete Terminänderung eine Umbesetzung vorgenommen werden muß.

Der Kunde merkt nichts davon.

»Ja bitte«, sagt die Teehausmadame mit der größten Selbstverständlichkeit, »Sie können so lange bleiben, wie Sie wünschen.«

»Ja bitte«, sagen auch die Geishas und sind heiter und ohne Eile. Nichts ändert sich. Es ist, als ob es keine Uhren gäbe. Kein Kunde soll aus dem wohligen Gefühl, Gast zu sein, herausgerissen werden. Das ist Geisha-Kultur.

Allerdings wird man, wenn ein paar Tage später die Rechnung kommt, dort für jede Verlängerungsstunde diskret den dreifachen Betrag eingesetzt finden.

Wer dagegen aufmuckt, dem fehlt der Sinn für Kultur.

Das Lied vom Blumenkelch

Viele Herren schätzen die Geisha, weil sie sich intelligent mit ihr unterhalten können. Auch Ludwig Klapperer machte keine Ausnahme.

Es war seine erste Japanreise. Er verdankte sie dem deutschen Bundeskanzler. Nicht, daß der Bundeskanzler ihn, Ludwig Klapperer, persönlich dazu eingeladen hätte – für die Kosten und Spesen kam seine Zeitung auf –, aber ohne den Entschluß des Kanzlers, dem Land der Aufgehenden Sonne noch vor den nächsten Wahlen seine telegene Aufwartung zu machen, hätte der Chefredakteur niemals gesagt:

»Mensch, Klapperer, fliegen Sie doch einfach für uns nach Japan.« Der Chefredakteur war herzkrank und mußte sich schonen.

Ludwig lächelte Mame-san zu. Mame-san war eine Geisha. Sie war ihm für den Abend zugeteilt. Klapperer fragte sie: »Do you like our Bundeskanzler?«

Mame-san besann sich sofort auf die wichtigste Geisharegel, die besagt, daß eine Geisha niemals einen Kunden enttäuschen darf. Sie muß dessen männliche Dominanz respektieren und alle diesbezüglichen Illusionen pflegen. Deshalb kicherte Mame-san spontan und sagte »oh yes«. Beim Kichern zeigte sie keine Zähne.

Ludwig Klapperer fand Mame-sans Bemerkung sehr natürlich und nahm sich vor, darüber in seiner Reportage aus Japan zu berichten. Er würde beispielsweise schreiben können, daß der Bundeskanzler auch in kultivierten Geishakreisen in hohem Ansehen stehe.

Inzwischen goß Mame-san mit geneigtem Kopf und leicht zu ihm hingebeugten Körper Klapperers leeren Sake-Becher wieder voll. Sie streifte Klapperer mit einem scheuen Blick und lächelte verlegen, als sie bemerkte, daß er ihren Blick aufgefangen hatte. Klapperer fand Mame-san sehr intelligent. Er hob ihr seinen Sake-Becher entgegen und sagte »Prost«.

Während dieser Zeit zerteilte Mame-san die in den Eßschälchen vor Klapperer stehenden Speisen mit ihren Eßstäbchen und entfernte mit einem raschen Griff das ganze Grätenband aus Klapperers Fisch.

»So«, sagte sie zart, als sie sich vergewissert hatte,

daß keine Gräte zurückgeblieben war, und reichte ihm seine Stäbchen handgerecht. Ludwig stellte sich ungeschickt an. Das meiste von dem Essen fiel auf das Standtablett zurück und erreichte nicht seine Zähne. Gerührt begann Mame-san ihn zu füttern. Nach anfänglicher Verlegenheit ließ Klapperer sie gewähren, vor allem, da er sah, daß auch schon einige andere Deutsche von ihren Geishas gefüttert wurden. Deshalb gab Klapperer sich nach einiger Zeit dem Genuß hin, liebevoll, verständnisvoll, taktvoll gefüttert zu werden. Klapperer hatte schon immer ein wenig von Japan geschwärmt, aber dieses Ausmaß an Kultiviertheit hätte er nicht erwartet.

Die Atmosphäre im Teehaus war gelockert, aber nicht ausgelassen. Die Geishas sorgten für eine stille Fröhlichkeit, und auch Herr Kitsune, der runzlige Chef der bedeutenden Tanuki-Werbeagentur, dem Klapperer und die anderen diese Einladung zu der Geishaparty verdankten, hatte seine Augen überall. Er war der offizielle Repräsentant der japanischen Seite, der die den Bundeskanzler begleitenden Herren der deutschen Presse betreute.

Nur eine Frau war auf deutscher Seite dabei, Frau Pinscher, die etwas füllige Ehegattin des Journalistenkollegen, der am anderen Ende saß und dessen schwäbelnde Stimme am lautesten durch den Raum klang. Herr Pinscher schien sich mit seiner Geisha sehr gut zu verstehen. Frau Pinscher dagegen saß ein wenig isoliert in der Runde.

Man hatte ihr als Frau keine Geisha zugeteilt. Herr Kitsune kümmerte sich ein wenig um sie.

»Wie geht es Ihren Beinen«, wandte Kitsune sich besorgt Klapperer zu.

Ludwig Klapperer war stolz, eine Sportlernatur zu sein. Es machte ihm nichts aus, längere Zeit mit untergeschlagenen Beinen auf einem seidenen Sitzkissen zu sitzen. Auch hatte er vor der Abreise nach Japan zu Hause vierzehn Tage lang geübt. Frau Pinscher allerdings schien Schwierigkeiten zu haben. Kitsune schob ihr inzwischen schon das dritte Kissen unter, damit sie etwas höher saß. Trotzdem mußte Frau Pinscher ab und zu ein Bein nach vorne strekken, wofür alle Verständnis zeigten.

Mame-san wischte mit zarter Hand Essensreste von Klapperers Kinn. Dabei kam sie mit ihrem Mund seinem Gesicht sehr nahe. Ihre Lippen waren stark rot geschminkt und ihre Gesichtshaut weiß gepudert. Hals und Nacken waren frei, aber vorne war der Kimono hochgeschlossen. Klapperer dachte einen Augenblick daran, daß es schön wäre, einen tiefen Blick in Mame-sans Ausschnitt zu tun. Dann besann er sich und schämte sich seiner Gedanken, weil Geishas – wie er wußte – nicht eine solche Art von Frauen sind. Mame-san schien zu spüren, wo er mit seinen Gedanken war, und lächelte nachsichtig. Sie goß ihm Sake nach.

Inzwischen hatten vorn vor dem goldenen Faltschirm zwei andere Geishas Platz genommen. Sie trugen dreiseitige Gitarren und zupften daran. Eine sang.

»Wie heißen diese Gitarren?« fragte Klapperer Mame-san, denn wenn er in seinem Bericht aus Japan auch diese Geishaparty beschreiben wollte, würde es sich gut machen, wenn er ein paar japanische Worte einbauen konnte.

»Shamisen«, sagte Mame-san, und Klapperer schrieb es sich auf.

Das Geishalied zog sich in die Länge. Klapperer bedauerte es, daß er nicht wußte, wie der Text lautete. Er benutzte die Gelegenheit, eine längst fällig gewordene Bemerkung zu Frau Pinscher zu machen, die offensichtlich nicht ganz glücklich darüber war, wie gut ihr Mann sich mit seiner Geisha verstand.

»Ein interessantes Lied«, sagte Klapperer.

»Sicher sehr kultiviert«, erwiderte Frau Pinscher.

»Überhaupt«, sagte Klapperer, »wenn man das alles hier sieht ...«

Er fragte Mame-san, ob sie ihm den Text des Liedes übersetzen könne, aber Mame-san zierte sich. Sie kicherte hinter vorgehaltener Hand und wechselte ein paar rasche Worte mit den anderen Geishas.

»Das Lied«, sagte Herr Kitsune da, dem Klapperers Interesse an der alten japanischen Kultur aufgefallen war, »das Lied ist sehr bedeutungsvoll. Es handelt von einem rosaroten Blumenkelch, der sich sehnsüchtig öffnet.«

Die singende Geisha hatte ihren Vortrag beendet. Alle Anwesenden klatschten Beifall.

»Und dann?« fragte Klapperer begierig, den ganzen Inhalt des Liedes zu erfahren.

»Nun ja«, sagte Herr Kitsune und legte sein runzliges Gesicht in noch mehr Falten, »dann kommt der Regen mit zu großer Heftigkeit.«

»Sicher hat die Blume eine Biene erwartet«, warf Frau Pinscher erklärend ein.

»So kann man das auch sagen«, meinte der alte Kitsune.

Während der ganzen Zeit kam Mame-san aus dem Kichern nicht heraus.

»Was ist denn«, fragte Klapperer sie, »ist das Lied so komisch?«

»Du, Franz«, rief Frau Pinscher quer durch den Raum ihrem Mann zu, »hast du mitgekriegt, was der Inhalt von dem Lied ist, das die beiden da vorn gerade gesungen haben?«

Mame-san goß Klapperers Sake-Becher wieder voll.

»Mame-san ...«, sagte Klapperer zögernd.

Sie neigte ihm auf unnachahmlich anschmiegsame Weise den Kopf zu.

»Yes?« sagte sie.

Das gab Klapperer Mut. Er bot Mame-san an, ihn Ludwig zu nennen.

Mame-san verbeugte sich im Sitzen und flüsterte probeweise »Rudo-ick«.

Klapperer lehnte sich zum alten Kitsune hinüber und fragte ihn vertraulich: »Kann man ... ich meine ... ist es denkbar ... daß man hinterher ... mit Mame-san zum Beispiel ...«

Kitsune schien zunächst nicht zu verstehen, was Klapperer von ihm wissen wollte. Dann legten sich tausend neue Fältchen auf sein Gesicht, und er entschied nach kurzem Nachdenken kategorisch: »Nein!«

Ludwig Klapperer war ihm im Grunde für diese klare Auskunft dankbar. An sich hatte er sich gar keine andere Auskunft gewünscht. Nur – wenn er Mame-san ansah, glaubte er zu spüren, daß auch sie ihm sehr zugetan war. Vielleicht ... dachte er bei sich, kann ich doch hinterher mit ihr ... Er betrachtete sie von der Seite, sah den Hals, die halb bedeckten Schultern. Immerhin duzt sie mich inzwischen, dachte er, aber dann raffte er sich zusammen, gab sich einen Ruck. Er fragte den alten Kitsune wie zur eigenen Sicherheit: »Geishas sind doch sehr kultivierte Damen, nicht wahr?«

Der alte Kitsune bejahte seine Frage gern.

»Aus guter Familie?« fragte Klapperer noch.

»Ja, ja«, antwortete der alte Kitsune, »das kann man wohl sagen.«

Er war gerade dabei, Beifall für den Tanz zu klatschen, der inzwischen vor dem goldenen Faltschirm stattgefunden hatte.

Klapperer nickte gedankenvoll. Das hatte er schon gleich gedacht, als ihm Mame-san vorgestellt worden war, daß sie aus einer sehr guten vermögenden Familie stammen mußte. Er brauchte ja nur ihren Kimono zu betrachten. So ein Prachtstück aus schwerer Seide, reich bestickt. Wer kann sich so etwas leisten? Auch die anderen Geishas trugen wirklich teure Kimonos. Das sah Klapperer inzwischen schon fast mit Kennerblick. Also waren alle Töchter aus gutem Hause. Klapperer fühlte sich gedrängt, dem alten Kitsune zu sagen, welch eine große Ehre es für ihn sei, diesen Abend im Kreis kultivierter Japanerinnen verbringen zu dürfen.

»Ich spreche bestimmt auch im Namen meiner Kollegen« setzte er hinzu, »wenn ich Ihnen sage, daß wir alle zutiefst beeindruckt sind.«

»Bestimmt«, pflichtete Frau Pinscher ihm bei, »so viel Kultur.«

Klapperer beobachtete, wie Frau Pinscher sich die Beine rieb. Kitsune fragte, ob er ihr noch ein viertes Kissen unterlegen sollte.

Frau Pinscher wehrte etwas verschämt ab.

»Ich verstehe nicht«, sagte sie, »wie diese Geishas da stundenlang mit untergeschlagenen Beinen sitzen können.«

»Ja«, sagte Klapperer, »toll.« Er sah mit hingerissenen Augen zu, wie Mame-san ihm gerade aus einer Teekanne Tee in einen Becher goß. Sie hielt, während sie mit einer Hand eingoß, den tief herunterhängenden Ärmel ihres kostbaren Kimonos leicht mit der anderen Hand fest. Ihr Oberkörper folgte der Bewegung der Teekanne. Auf Mame-sans Gesicht stand ein sanftes Lächeln.

Alles tut sie mit solch einer natürlichen Eleganz, dachte Klapperer bei sich, ganz anders als Uschi, meine Frau, zu Hause.

Mit meiner ganzen Kraft – was bei mir nicht viel bedeutet – hatte ich mein Gepäck aus dem Zug gezerrt und auf den Bahnsteig gestellt. Dort stand es, zu schwer und zu viel.

Hastende Passanten stießen eine Tasche um. Ihr Inhalt ergoß sich auf den Boden. Ich machte mich daran, die einzelnen Stücke wieder einzusammeln. So, wie ich da hockte, sah ich nur hastende Männerbeine.

Tokyo.

Neun Uhr dreißig morgens an einem Wochentag.

Ich sah mich nach einem Gepäckträger um.

Immer heißt es in letzter Minute vor der Abreise: »Nimm das doch auch noch mit ... in Deutschland wirst du froh sein ... dort gibt es so etwas nicht zu essen ... hier nimm, es ist etwas besonders Gutes ...«

Damit waren die Tüten vollgepackt, Eßsachen in Plastikfolie. Es war kein Gepäckträger in Sicht.

»Könnten Sie mir bitte ...«, versuchte ich einige Passanten anzusprechen, aber es waren Männer, die aus Geschäftsgründen nach Tokyo gekommen waren – morgens um halb zehn. Sie warfen mir einen kurzen Blick zu, hasteten vorbei.

Ein Zugschaffner in Uniform kam in meine Nähe. Er trug weiße Handschuhe. Ich sprach ihn an: »Könnten Sie mir sagen, wo ...«

»Gepäckträger«, echote er auf meine Frage und zog die Luft zwischen den Zähnen ein. »Waggon fünf und sechs, vor der Ersten Klasse.«

Ich sah den Bahnsteig entlang, der schwarz war von hastenden Leuten. Der weiß-blaue Zugkörper stand still und abweisend da. Die Türen waren geschlossen. Hinter den getönten Scheiben bewegten sich schemenhaft die Figuren der Putzkolonne, die ich mit Eimern und Besen in der Hand den Zug hatte betreten sehen. Ich stand vor dem Waggon Nummer dreizehn. Also müßte ich sieben oder acht Waggons entlanglaufen, bis ich einen Gepäckträger fände. Drüben hing eine Uhr. Die Zeiger auf dem runden Zifferblatt zeigten neun Uhr vierzig.

Der Bahnsteig hatte sich etwas geleert, aber schon schleusten die Rolltreppen wieder viele Menschen hoch. In fünf Minuten würde der Hikari in Richtung Kyoto-Osaka abfahren. Auf dem gegenüberliegenden Gleis desselben Bahnsteigs wurde bereits die Ankunft des nächsten Hikari aus Osaka angekündigt.

Vor den noch geschlossenen Türen des Hikari, mit dem ich gekommen war, bildeten sich diszipliniert wirkende Schlangen von Wartenden. Sie reihten sich zwischen den beiden gelben Linien auf, die zu jeder Tür hinführten. Ich überlegte, ob ich einen der dort stehenden Männer bitten sollte, für kurze Zeit auf mein Gepäck aufzupassen, aber ich sah nur abweisende Gesichter. Auf dem anderen Gleis fuhr der angekündigte Hikari ein, und ein dichter Schwall von Reisenden ergoß sich erneut auf den Bahnsteig. Sie hasteten an mir vorbei, über mein Gepäck hinweg, stießen wieder eine Tasche um, warfen mir ärgerliche Blicke zu. Morgens zwischen sieben und zehn werden die Züge, die zwischen Osaka und Tokyo verkehren, von Männern beherrscht, die es eilig haben, zu ihren Geschäften zu kommen.

»Könnten Sie mir bitte …«

Nur ein belästigter Blick.

»Könnten Sie mir bitte …«, wandte ich mich an einen anderen.

»Einen Gepäckträger?« sagte er mit schräg gelegtem Kopf. »Keine Ahnung.«

»Ich muß zum Flughafen«, sagte ich zu einem uniformierten Schaffner. Er hob die weißbehandschuhte Hand: »Gepäckträger stehen bei Waggon fünf und sechs.«

»Könnten Sie mir einen hierherschicken?«

»Ja«, sagte er und schlenderte weiter.

Ein paar junge Büromädchen eilten vorbei. Ich sprach sie an. Sie kicherten, verbeugten sich im Vorbeigehen und beschleunigten den Schritt.

Zischend öffneten sich die Türen des abfahrbereiten Hikari, und gleichzeitig verwandelten sich die diszipliniert dastehenden Schlangen der Wartenden in wild drängelnde Massen, die von den engen Türöffnungen aufgesogen wurden.

Ich rechnete damit, daß der Schaffner mir vielleicht doch noch einen Gepäckträger schicken würde.

Verspätete Fahrgäste kamen die Treppe empor gerannt, hasteten über den Bahnsteig, stürzten in den Zug.

Um neun Uhr fünfundvierzig schlossen sich zischend die Türen, und der Hikari setzte sich lautlos in Bewegung.

Ich zerrte meine Koffer und Taschen ein Stück in Richtung zur Treppe, der nächsten Fahrgastwelle entgegen. Noch immer war der Bahnsteig von männlichen Geschäftsreisenden beherrscht, die sich vor den Türen des auf dem zweiten Gleis wartenden Hikari in diszipliniert wirkenden Reihen aufstellten.

»Orai, orai«, riefen mir einige zu, während ich meinen Koffer über den Bahnsteig zerrte.

Als ich aufblickte, sah ich in grinsende Männergesichter.

»Könnten Sie mir vielleicht ...«, fragte ich, ein wenig an europäische Ritterlichkeit gewöhnt.

Da grinsten die modisch gekleideten japanischen Herren – tadellos gebügelte dunkle Anzüge, weiße Hemden, Krawatten und je ein Aktenköfferchen –, schoben die Hände tiefer in die Hosentaschen oder kraulten sich belustigt am Kinn: »Orai, orai, noch ein paar Meter mit Schwung ...«

Andere blickten betont weg.

Ich dachte daran, wie oft ich auf einem deutschen Bahnsteig mit einem kleinen oder nur mittelgroßen Koffer gestanden hatte. Meistens war irgend jemand gekommen und hatte gefragt, ob er mir helfen dürfe. Nicht immer habe ich die Hilfe angenommen, aber oft war ich froh, daß ich meinen Koffer nicht zu schleppen brauchte. Jetzt – auf dem Bahnsteig in Tokyo – hätte ich mir ein Zehntel der deutschen Ritterlichkeit herbeigewünscht.

In Schüben kamen mir die Passanten an der Treppe entgegen, die auf der emporführenden Rolltreppe keinen Platz gefunden hatten oder schneller sein wollten als diese. In Schüben eilten auch Passanten an mir vorbei die Stufen hinunter.

Ich setzte meinen schwersten Koffer auf die erste Stufenkante, aber er entglitt meiner Hand, überschlug sich, torkelte drei, vier Stufen hinunter, fuhr einem Mann in die Knie. Der stürzte, brüllte wie ein Riesenfrosch, riß einen zweiten mit. Unten klopften sich die beiden Gestürzten den Staub aus den tadellos gebügelten dunkelgrauen Anzügen, betrachteten ihre Handinnenflächen, die voller Schmutz waren, traten wütend mit den Füßen gegen meinen Koffer. Sie riefen einen Schwall unflätiger Worte zu mir herauf. Ich tat, als sei ich sehr erschrocken. In dem Koffer befanden sich Bücher. Deshalb war er so schwer. Ich war sicher, daß der Sturz den Büchern nicht geschadet hatte.

Meinen zweiten Koffer hob ich mit beiden Händen Stufe um Stufe hinunter und stellte ihn unten neben den ersten. Dann holte ich meine Taschen und Tüten.

In neunzig Minuten sollte mein Flugzeug abfliegen.

In dem Labyrinth der Gänge unter den Bahnsteigen roch es nach Urin. Alte Zeitungen und abgerissene Reklameplakate lagen auf dem Boden umher. Ich schob sie unter meine beiden Koffer, um sie leichter den weiten Weg zerren zu können. Ab und zu mußte ich anhalten, um mit dem Fuß neues Papier unter die Kofferkanten zu schieben. Die Unterwelt dehnte sich aus und schien nie wieder ins Licht münden zu wollen. Ich spürte meine Arme kaum noch. Die Kleider klebten mir auf der Haut. Ich wischte mir mit dem Handrücken über die Stirn. Dann sah ich irgendwo weit vorne eine gleißende Öffnung, rechtwinklig, voller Licht. Wie Kulissenteile wirkten die Autos, die sich dort vorbeibewegten, hinter den schwarzen Schatten von hastenden Menschen.

Als ich ans Licht kam, sah ich, daß sich vor meinen beiden Koffern eine Bugwelle aus Zigarettenkippen, Kaugummiresten und schmutzigen Papiertaschentüchern türmte.

Der Taxifahrer fragte: »Wann geht Ihr Flugzeug?«

»In etwas mehr als einer Stunde.«

»Das wird knapp.«

Er fuhr zügig, wechselte mehrfach die Spur, um schneller vorwärtszukommen. Als er auf der Autobahn war, reihte er sich in den fließenden Verkehr ein.

»Wo fliegen Sie hin?« fragte er.

»Nach Deutschland.«

»Nach Deutschland?« echote er. »Heil Hitler.« Er lachte.

Am Flughafen erfuhr ich, daß sich mein Abflug um eine volle Stunde verspäten würde. Ich gab mein Gepäck auf, brauchte nicht für das Übergewicht zu zahlen. Ich setzte mich in einen Sessel ein wenig abseits vom Gedränge. Von irgendwoher drangen deutsche Laute herüber. Ein Mann lachte ölig.

Ich dachte an den Taxifahrer zurück und wie er in einem Atemzug »Deutschland – Heil Hitler« gesagt hatte. Er hatte sich bestimmt nichts dabei gedacht. In Japan hört man diese Kombination von Worten öfter. Vor ein paar Jahren, als eine japanische Theatergruppe in Berlin gastierte, sagten es die Schauspieler auch – abends nach der Vorstellung, im Restaurant, ganz laut. Einer hob dabei den rechten Arm zum Gruß und meinte, er würde seine deutschen Gastgeber damit zum Lachen bringen. Ich raunte ihm schnell auf japanisch zu: »Lassen Sie das ... das ist kein Scherz.«

»Wirklich?«

Er sah mich enttäuscht an. Er hatte das betretene Schweigen bemerkt und verstand es nicht.

Die Luft roch, als sei sie vielfach gefiltert und vielfach durch Räume gepumpt worden, in denen sich Tausende von Menschen bewegten. Ich wechselte den Sessel, weil jemand in der Nähe rauchte. In Kyoto war die Luft klar gewesen, von einem Geruch nach Herbst durchzogen. Der Novemberhimmel hatte sein übliches Tiefblau gezeigt. Die Nächte waren kühl, die Tage sonnig warm. Die Ahornblätter begannen sich zu verfärben. Wenn ich morgens aufwachte, sah ich die Schatten der Ahornblätter, die sich auf den durchscheinenden Shoji abzeichneten. Wenn ich die Fenster aufschob, träufelte ihr Gold ins Zimmer. In den letzten Tagen vor der Abreise war ihre Farbe schon ins Rot umgeschlagen. Sogar die Schatten auf den Shoji waren morgens rot.

Ich hörte die Schritte meines Vaters, wie er über den kiesbedeckten Vorplatz ging. Wenn das knirschende Geräusch verstummte, wußte ich, daß er die Steintreppe erreicht hatte, die vom Vorplatz zum Shinto-Schrein hinaufführt. Er würde oben seinen

Rundgang machen, vielleicht ein paar Blätter aufheben, die in der Nacht gefallen waren, oder ein goldenes Herbstblatt auf den Stufen zum Altar liegen lassen, so, wie der Zufall es hingeweht hatte. Er würde mit seinen zerbrechlich wirkenden Schultern einen Augenblick lang stumm vor dem Altar stehen und dann seinen Rundgang fortsetzen.

Die deutschen Laute von vorhin schwollen an und kamen von der Seite her näher. Einen Augenblick dachte ich: Ja, so klingt Deutsch. Ich dachte daran, daß ich mich nach der Rückkehr bald wieder ins Schreiben stürzen wollte. Ich hatte mir, während ich in Kyoto war, ein paar Notizen gemacht – Skizzen, Ideen.

»Mensch, Kurt, weißt du noch«, sagte die Stimme, die mir jetzt ganz nah gekommen war. Lachen folgte.

Ich blickte hoch und sah drei Deutsche, der äußeren Erscheinung nach Geschäftsreisende. Sie trugen graue Anzüge, einen grauen Mantel über dem Arm für das novemberlich kalte Deutschland, einer trug auch einen Aktenkoffer. Sie sprachen über ihre Geschäftsreise.

»Gestern«, sagte der eine wieder mit öliger Stimme, »das war ein Spesenabend, wie man ihn sich häufiger wünscht.«

»... und daß die Japaner uns zum Abschluß ins Dampfbad eingeladen haben. Die Masseusen waren gut!«

Alle drei lachten.

»Stimmt«, grölte der eine mit der öligen Stimme, »und hinterher habe ich noch nie so gründlich gefickt, besser als in Bangkok.«

Es tat mir leid, daß ich die Sprache verstand.

Zivilisierte Ratschläge

Japaner treten als Touristen weltweit immer mehr in Erscheinung. Sie reisen meistens in Gruppen, trippeln o-beinig hinter einem fähnchenschwenkenden Führer her, sind mit mindestens einer Kamera behängt. Wenn der Führer ihnen irgendwo einen Laden zeigt, in dem sie Parfum, Ledertaschen oder Halstücher kaufen können, stürzen sie alle auf einmal in diesen Laden hinein und wollen alle das gleiche Parfum, die gleiche Ledertasche oder das gleiche Halstuch kaufen.

Wer reist, trägt Verantwortung. So wenigstens denkt das japanische Außenministerium und hat eine Broschüre drucken lassen. Diese Broschüre wird in Japan an alle verteilt, die eine Weltreise antreten wollen. Der Premierminister hat persönlich das Geleitwort dazu geschrieben. In der Broschüre ist die Rede von der Verantwortung, die jeder reisende Japaner im Ausland trägt – seinem Land und seinem Volk gegenüber.

Da steht, daß Diplomatie nicht nur von den hauptamtlichen Diplomaten betrieben wird, sondern daß jeder Japaner, sobald er japanischen Boden verläßt, sofort ein bißchen zu einem Diplomaten wird. Die Augen der Welt ruhen auf ihm. Jeder Schritt, jede Geste und jedes Wort werden mit Aufmerksamkeit verfolgt. Seine Qualität als Japaner wird an dem gemessen, was er tut. Man soll sich also entsprechend benehmen, schreibt das Außenministerium.

Präzise Unterweisungen folgen:

Jeder Wunsch nach Entspannung hat seine Grenzen. Es geht einfach nicht, daß Sie hier im Flugzeug Ihre Hose ausziehen. Sie dürfen sich höchstens Ihres Jaketts entledigen. Wenn Sie sich unbedingt umziehen müssen, tun Sie das bitte in der Toilette. Aber ziehen Sie keinesfalls Ihren Pyjama an. Das ist streng verboten. Ein Flugzeug ist kein japanischer Ausflugsbus. Sie stehen im internationalen Rampenlicht.

Sagen Sie zu Ihrem Nachbarn – falls dieser kein Japaner ist –, immer wenn Sie Ihren Sitzplatz verlassen wollen, »excuse me«, und wenn Sie zurückkommen »thank you«. Es gilt im Flugzeug auch als Grundregel, daß die Passagiere keinen mitgebrachten Alkohol trinken. Bitte, halten Sie sich daran. Während des Essens verändern Sie bitte auch nicht die Stellung Ihrer Rückenlehne. Für Ihren Hintermann, der ja auch gerade ißt, könnten sich unangenehme Folgen ergeben. Wenn die Stewardeß Sie fragt: »Tea or coffee«, sollten Sie sich die Antwort nicht ewig lange überlegen. Entscheiden Sie sich deutlich für eins von beiden, aber wenn Sie sich für keins von beiden entscheiden können, sagen Sie laut »no, thank you«.

Während eine Stewardeß serviert, sollten Sie nicht mit Ihrer Kamera hinter ihr herlaufen. Es ist auch nicht die Art eines Weltmannes, an eine Toilettentür zu klopfen, an der ›occupied‹ zu lesen ist. Wenn ›vacant‹ darauf steht, dann gehen Sie hinein. Vergessen Sie nicht, die Tür von innen zu verriegeln. Bitte, entriegeln Sie sie nicht, bevor Sie nicht ganz fertig sind. Es gilt international als sehr unfein, eine Toilette mit noch vorn herum hantierender Geste zu verlassen.

Wenn man im Westen den Hotel-Aufzug benutzt, gilt als Grundgesetz: Ladies first. Von Herren wird erwartet, daß sie im Aufzug den Hut abnehmen und das Rauchen einstellen. Wenden Sie sich so, daß Ihr Gesicht zur Tür blickt. In Frankreich müssen Sie aufpassen, weil dort manchmal der Zu- und Ausgang auf verschiedenen Seiten des Aufzugs liegt. Es gibt sogar noch altmodische Aufzüge, wo man die Türen von Hand auf- oder zumachen und sehr lange den gewählten Knopf niederdrücken muß. Vergessen Sie nicht, beim Aussteigen die Türen ordnungsgemäß zu schließen.

Auf dem Flur eines Hotels hat man sich so zu benehmen wie sonst auf der Straße – also nicht im Pyjama und nicht in Unterhosen herumzulaufen. Auch Hausschuhe sind unerwünscht. Man zieht in der internationalen Welt seine Schuhe nie aus, es sei denn, man geht zu Bett.

In einem Hotelflur sollten Sie nicht rauchen und auch nicht laut reden. Falls Sie sich aus Ihrem Zimmer ausgeschlossen haben, bewahren Sie Ruhe und toben Sie nicht.

Ein westliches Badezimmer ist grundsätzlich anders konzipiert als ein japanisches Bad. Man erledigt alles in der Badewanne. Seifen Sie sich bitte nie außerhalb der Badewanne ein, und gießen Sie auch nicht außerhalb der Badewanne Wasser über sich. Man seift sich in der Badewanne ein und braust sich in der Badewanne ab. Beim Duschen achten Sie darauf, daß der Vorhang innen in die Badewanne hineinhängt, damit es draußen nicht naß wird. Falls eine Kordel von der Decke hängt, ziehen Sie nicht daran, denn meistens ist es eine Klingel für Notfälle, die das Hotelpersonal herbeiruft. Es versteht sich, daß man als Gast nach dem Baden das Wasser abläßt und die Wanne sorgfältig reinigt. Wischen Sie auch alle Tropfen außen an der Badewanne weg.

Westliche Toiletten sind sehr gefährlich. Sie haben die Form eines Pferdefußes und besitzen in der Regel obenauf einen ovalen Deckel, den man hochklappen kann. Darunter befindet sich aus Holz oder Plastik eine sogenannte Brille, die man auch hochklappen kann, aber nicht hochklappen muß. Diese Brille ist dazu da, daß man sich daraufsetzt wie auf einen Stuhl mit dem Rücken zur Wand. Die Füße bleiben auf dem Boden. Steigen Sie nie mit den Füßen auf die Brille und erledigen so in hockender Stellung mit dem Gesicht zur Wand Ihr Geschäft. An dem oberen Deckel kann man sich nicht festhalten, wenn er aufgeklappt ist. Schon viele Japaner sind auf diese Art im Westen verunglückt.

Der Toilette recht ähnlich, aber etwas niedriger gebaut und ohne Brille, ist das Bidet. Es verfügt im Zentrum über einen Springbrunnen, durch den man wahlweise heißes oder kaltes Wasser schicken kann. Dies ist eine Waschgelegenheit, die nicht für Herren gedacht ist. Im Englischen heißt kalt ›cold‹ und wird mit c abgekürzt. Im Französischen bedeutet c aber ›chaud‹, also heiß. Deshalb sollte man das Bidet möglichst gar nicht benutzen. Schon manche Japanerin hat sich schmerzhaft verbrüht.

Im Westen sind die Menschen im allgemeinen noch nicht daran gewöhnt, daß sie von Touristen photographiert werden. Wenn man sie photographieren will, fragt man sie besser vorher um ihre Erlaubnis. In Kirchen und während des Gottesdienstes ist es nicht angebracht, die Menschen zu photographieren. Meistens ist es sogar verboten.

Auf die Straße zu spucken ist im Westen nicht erlaubt. Benutzte Papiertaschentücher und Zigarettenstummel einfach auf die Straße zu werfen ist untersagt. Wenn Sie ein dringendes Bedürfnis empfinden, sollten Sie sich als Japaner nicht in eine Ecke oder unter eine Brücke stellen. Suchen Sie, bitte, ein Kaufhaus, ein Hotel, ein Restaurant oder ein öffentliches WC auf.

Beim Essen in Restaurants gilt als oberstes Gebot, keine Eßgeräusche zu machen. Man soll die Suppe nicht schlürfen. Wenn Wasser dargeboten wird, soll man es leise trinken und es nicht zum Gurgeln benutzen.

Beim Reinigen der Zähne muß man die Hand vor den Mund halten und soll keine schmatzenden Luftgeräusche erzeugen. Auch Aufstoßen und Rülpsen darf man nicht.

Man soll beim Essen nicht mit vollem Mund reden und lachen.

Alkoholische Getränke dienen in westlichen Ländern nur der Appetitanregung. Als Japaner dürfen Sie sich niemals betrinken.

Fürs Einkaufen muß man sich oft viel Zeit nehmen, denn das Personal ist rar und häufig überlastet. Wer also etwas kaufen will, muß warten, bis er bedient wird. Außer in Kaufhäusern darf man die Ware nicht betasten.

Auch soll man immer genug Geld griffbereit im Portemonnaie haben. Falls Sie Ihr Geld um den Bauch gebunden bei sich tragen, empfiehlt es sich, morgens im Hotel die für den Tag erforderliche Summe herauszunehmen. Es gilt im Westen als unfein, wenn Japaner sich die Hose aufknöpfen und das Hemd hochziehen müssen, um an ihr Geld zu kommen.

Im Westen muß man häufig Trinkgelder geben, aber es ist oft schwierig, zu entscheiden, wann und wieviel. Als Japaner sollten Sie großzügig sein und sich immer dankbar erweisen. Wenn Sie mehr als eine Nacht in einem Hotel bleiben, empfiehlt es sich, morgens etwas Geld unter das Kopfkissen zu legen. Auch die Gepäckträger, die Portiers, die Taxifahrer müssen ein Trinkgeld bekommen, und zwar ein um so höheres, je größer Ihr Reisegepäck ist. In Restaurants sollten Sie fünfzehn Prozent dazulegen und auf das Wechselgeld verzichten.

Wenn Sie diese Ratschläge befolgen, werden Sie gut durch alle westlichen Länder reisen und das Ansehen Japans mehren.

Lächelnde Japaner

Woran erkennt man Japaner in Deutschland? Japaner und Japanerinnen erkennt man von fern und selbst von hinten an der geringen Körpergröße, dem dicken Kopf und dem schwarzen Haarschopf; die Japaner an den meist zu weiten Hosen, die aussehen, als wollten sie gleich herunterrutschen; die Japanerinnen an den etwas zu kurzen Beinen.

Japaner gehen leicht nach vorne gebeugt. Sie drükken die Knie beim Laufen nicht durch. Darum hat ihr Gang etwas Wippendes, das sie von allen anderen Passanten unterscheidet.

Häufig schleppen Japaner einen Photoapparat mit sich herum oder mehrere. Auch eine große Aktentasche gehört zum Bild. Weil Japaner meist so zierlich gebaut sind, fallen solche Lasten besonders auf. Viele Japaner sehen in Deutschland chronisch hungrig aus. Ob das wohl mit dem Essen zu tun hat?

Spricht man einen Japaner, eine Japanerin unvermittelt an, so erschrecken sie und zeigen das offen in ihrem Mienenspiel.

Für dieses unverhüllte Erschrecken gibt es verschiedene Gründe. Erstens haben Japaner in einem hohen Grade die Fähigkeit, ihre Umwelt, wenn sie ihnen nicht interessant genug erscheint, weitgehend zu vergessen. Es ist ihnen recht gleichgültig, wie sie herumlaufen und was andere Leute von ihnen denken. Beim Ansprechen werden sie aus ihrer Welt herausgerissen und erschrecken dabei. Zweitens leiden Japaner daran, daß ihnen die Aussprache deutscher Wörter recht schwerfällt. Deswegen weichen sie gern der Gefahr aus, angesprochen zu werden, und bleiben am liebsten unter sich.

Ist der erste Schreck nach dem Ansprechen überwunden, so lächeln die Japaner freundlich, wobei sie meist schlechte, vom vielen Teetrinken braun verfärbte Zähne zeigen. Dann nicken sie mit dem ganzen oder mindestens mit dem halben Oberkörper und sagen mehrfach »Ja!«. Daraus darf man aber nicht schließen, daß sie das, was man sie fragte, verstanden haben, sondern nur, daß sie höfliche Menschen sind.

Einmal rief mich kurz vor Mitternacht ein deutscher Professor an. »Helfen Sie mir«, rief er ins Telephon, »heute haben wir hier einen japanischen Professor als Gast. Er ist gerade aus Japan gekommen. Wir haben mit ihm zu Abend gegessen und wollen jetzt allmählich ins Bett. Wir haben das unserem Gast schon in allen möglichen Sprachen gesagt, aber er sitzt nur da und nickt freundlich. Bitte sprechen Sie mal mit ihm.«

Den Japanern fällt es schwer, einzelne Deutsche von anderen Deutschen zu unterscheiden. Für sie sehen alle gleich aus. Erst wenn Japaner einige Zeit in Deutschland sind, lernen sie außer Größenunterschieden auch andere Merkmale zur Unterscheidung heranzuziehen.

Das ist übrigens ein weiterer Grund dafür, weshalb angesprochene Japaner immer so freundlich lächeln: sie wissen nie genau, mit wem sie es eigentlich zu tun haben. Erst nach Jahren verliert sich das.

Japaner, die schon lange in Deutschland sind, sind dann meist auch gar nicht mehr so freundlich. Dafür lernen sie, häufiger Hände zu schütteln.

Japaner haben es schwer mit deutschen Namen. Sie klingen meist sehr kompliziert, und man kann sich darunter so wenig vorstellen. Es ist den Japanern aber ein Trost, daß es den Deutschen mit japanischen Namen nicht besser ergeht.

Sehr schlimm sind auch Zahlen. Es ist so gefährlich, beim Bezahlen im Geschäft, zweiundfünfzig mit fünfundzwanzig – das heißt eigentlich 50und2 mit 20und5 – zu verwechseln. Es ist ein besonderer Anblick, diese armen Menschen in Geschäften zu sehen, wie sie angestrengt in ihrem Portemonnaie herumsuchen. Deutsche Verkäuferinnen pflegen solche Szenen mit Verachtung zu betrachten.

Für Japanerinnen gilt als besonderes Erkennungsmerkmal, daß sie, wenn sie lachen müssen, auf eine ganz eigene Art mit dem Kopf wackeln und zugleich nicken. Dabei führen sie unwillkürlich die Hand vor den Mund, wie die Deutschen beim Gähnen.

Auf Reise- und anderen Werbeprospekten zum Wohle Japans sieht man stets Japanerinnen im Kimono. In Wirklichkeit hingegen sieht man sie in Japan nur höchst selten. Taucht dann aber gar in Deutschland eine Japanerin im Kimono auf, so beflügelt ihr Anblick die Phantasie. Wo immer sie zu sehen ist – im Konzert, auf einer Party, beim Nachmittagskaffee oder gar auf der Straße –, stets wird sie als »entzückendes Geschöpf« bezeichnet.

Zwei Japanerinnen im Kimono sind doppelt entzückend, drei Japanerinnen im Kimono sind dreifach entzückend.

Allerdings darf so eine Japanerin im Kimono dann auch nicht bestürzt sein, wenn feine deutsche Herren an ihr das einzige japanische Wort ausprobieren, das sie kennen. Freudestrahlend sagen sie: »Geisha.«

Deutschland – ein Paradies

Ich finde es äußerst aufschlußreich, in derselben Stadt, in derselben Straße und etwa dieselbe Uhrzeit einmal im Kimono und einmal unauffällig europäisch gekleidet spazierenzugehen. Ursprünglich beabsichtigte ich natürlich nicht, ein Experiment zu machen. Es ergab sich von selbst.

An einem sonnigen Nachmittag bummelte ich in einem roten Kimono durch die Hauptgeschäftsstraße einer großen deutschen Kleinstadt oder einer kleinen deutschen Großstadt – was ungefähr das gleiche ist. In der Hand trug ich eine kleine Tasche. Ich schaute mir die Geschäfte an.

Ein kleines Mädchen, das an der Hand seiner Mutter daherkam, deutete mit dem Finger auf mich und fragte mit heller Stimme: »Guck mal, was ist das?« Die Mutter warf mir einen unsicheren Blick zu und zog das Kind schnell mit sich fort.

So ist es mir in Deutschland oft ergangen. Mütter und Omas zerren die Kinder weg, wenn sich deren fragende Augen an mir festgesaugt hatten. Oft hörte ich, wie die Kinder mit piepsiger Stimme etwas wissen wollten, aber dann wurde ihnen mit einem harten Ruck am Handgelenk der Mund verboten. Ich stelle mir vor, daß diese Mütter und Omas, als sie selbst noch Kinder waren, ähnlich behandelt worden sind. Ich sehe ihre unsicheren Blicke, wie sie sich abwenden und versuchen, rasch weiterzugehen.

Das kleine Mädchen, das mich so fragend angeschaut hatte und dafür von seiner Mutter schnell weggezogen worden war, hatte ganz ängstliche Augen bekommen.

Ich blieb vor einem Schaufenster stehen und sah im spiegelnden Glas, wie sich das Mädchen noch einmal nach mir umdrehte. Auch die Mutter sah mir nach und sprach dann ermahnend auf das Mädchen ein. Als die beiden weitergingen, war die Haltung des Kindes ganz schuldbewußt. Seinen Schritten fehlte die kindliche Unbefangenheit.

Ich weiß, daß ich selbst als Kind die ›gaijin‹, die Ausländer, mit den Augen verschlungen habe, die als Touristen durch Kyoto zogen. Ich habe als Schulmädchen meine ersten Brocken Englisch an ihnen ausprobiert. Ich bin – wie meine Schulkameradinnen auch – von einem Ausländer zum anderen gerannt und habe mir von jedem seinen Namen aufschreiben lassen. Wenn wir dann versuchten, die Namen auszusprechen, gab es immer viel zu lachen.

Nun, an jenem sonnigen Nachmittag, an dem ich im roten Kimono durch die Straße ging, kam mir ein älteres deutsches Ehepaar entgegen. Sie gingen an mir vorbei, und ich hörte die Frau zu ihrem Mann sagen: »Wie entzückend.« Sie sah mich strahlend, aber vorsichtig an, und er machte eine etwas unsichere Handbewegung, als ob er vor mir den Hut ziehen wollte.

Ich ging weiter und spürte, wie viele Leute auf dem Bürgersteig zur Seite traten, um mich vorbeigehen zu lassen, wie sich ihre Blicke scheu besorgt an meinem Kimono festsaugten. Als ich ein Geschäft betreten wollte, hielt mir gleich jemand die Tür auf.

Im Geschäft sagte eine neben mir stehende Frau, die gemerkt hatte, daß ich deutsch sprach: »Wie entzückend sehen Sie in Ihrer Nationaltracht aus.« Ein Herr meinte: »Eine Ehre für uns, daß Sie hier sind.« Er sagte dies auf eine sehr betuliche Art, sprach langsam und laut, um sicherzustellen, daß ich ihn auch richtig verstünde.

Am Tage zuvor war ich in derselben Stadt, in derselben Straße, um etwa dieselbe Uhrzeit europäisch gekleidet zum Einkaufen gegangen und hatte einen ganz anderen Eindruck von den Leuten bekommen. Wahrscheinlich waren es nicht genau dieselben Passanten, die mir da entgegengekommen waren, aber sie sahen doch sehr ähnlich aus. Sie musterten mich scharf, ließen im Vorbeigehen nicht den geringsten Zweifel aufkommen, daß der Bürgersteig ihnen gehöre. Sie schoben sich in den Geschäften nach vorn. Sie ließen beim Betreten oder dem Verlassen der Geschäfte die Tür vor mir zufallen. Sie zeigten nicht die Spur einer Freundlichkeit auf den Gesichtern.

Als ich vor einer Schaufensterauslage stand und im Spiegelbild der Scheibe zwei ältere Frauen sah, die hinter mir standen, fiel kein Ausruf: »Wie entzükkend!« Kein Mensch sagte: »Eine Ehre für uns.«

Der Kontrast zwischen den beiden Tagen war stark. Es lag offensichtlich an meiner Kleidung.

Ein Neujahrstraum

Der erste Traum im neuen Jahr ist sehr, sehr wichtig. Was man da träumt, geht in Erfüllung – so sagt man in Japan. Es ist lediglich eine Frage der Auslegung.

Einer meiner sehnlichsten Wünsche, als ich begann, langsam mit dem Leben in Deutschland vertraut zu werden, war es, einen deutschen Führerschein zu besitzen. Das hat seinen tiefen Grund: Ein eigener Führerschein rangiert für eine Frau in Deutschland gleich hinter einer Nerzstola und einem akademisch betitelten Ehegatten.

Ich war schon eine versierte Autofahrerin und hatte, das kann ich ruhig von mir behaupten, eine gewisse Routine im Ablegen von Fahrprüfungen.

Als ich in Amerika zum erstenmal zur Fahrprüfung ging, konnte ich schon wirklich gut geradeaus fahren. Doch ausgerechnet auf einem engen Platz sollte ich wenden. Nachdem ich schon zehnmal vorgefahren und zurückgestoßen war, erlahmte die Kraft meiner Arme. Der Wagen stand, wie ich stolz bemerkte, schon fast quer zur ehemaligen Fahrtrichtung. Mein Prüfer war furchtbar nett und half mir gegen Ende beim Drehen des Lenkrades. Er meinte aber, er könne nicht immer neben mir sitzen bleiben, und empfahl mir, ein Kissen unterzulegen und noch schön weiter zu üben. Später solle ich noch einmal wiederkommen.

Das nächste Mal wendete ich mit Schwung, weil sich dann das Lenkrad leichter drehen läßt. Als es klirrte, meinte mein Prüfer, ich brauchte diesmal keine Prüfungsgebühr zu zahlen, weil das Rücklicht an meinem Auto und der Scheinwerfer an dem geparkten Polizeiauto schon teuer genug seien.

Beim drittenmal ging alles gut. Ich konnte sogar rückwärts in eine Parklücke stoßen, was als der wichtigste Teil einer amerikanischen Fahrprüfung gilt. Mein Prüfer stellte mir sodann noch einige theoretische Fragen, etwa: »Wo dürfen Sie nicht halten?«

Ich antwortete: »Dort, wo ein Polizist steht.« Wie konnte ich ahnen, daß ich kaum eine Stunde später doch an einer Stelle hielt, an der ein Polizist stand oder doch Sekunden vorher gestanden hatte? Es war ihm nämlich gelungen, sich durch einen kühnen Sprung im letzten Augenblick zu retten, als ich, glückliche Besitzerin eines Führerscheins, beim Anfahren an einer Kreuzung zuviel Gas gab und dann wieder Schwierigkeiten mit der Lenkung bekam. Geistesgegenwärtig bremste ich. Das war sein Glück! Es war ihm nichts passiert – und mir auch nicht.

Außer einem kleinen Zwischenfall in Toronto, wo

ich einmal ein paar Einbahnstraßen in der falschen Richtung benutzt hatte, bin ich wohlbehalten durch den amerikanischen Verkehr, selbst durch das Gewimmel von New York City, gekommen. Nie mehr machte ich mich eines Kratzers oder einer Beule am eigenen Auto oder an anderen Autos schuldig, und ich bekam auch nie einen polizeilichen Verweis wegen zu schnellen Fahrens.

Mit solchen Verdiensten glaubte ich gewissermaßen ein moralisches Anrecht auf einen deutschen Führerschein zu haben, zumal hier die Autos viel kleiner sind als in Amerika.

Mit dem festen Entschluß, im kommenden Jahr den deutschen Führerschein zu erwerben, ging ich also Silvester schlafen. Sicherheitshalber legte ich eine Wunschliste unter mein Kopfkissen, auf der ich unter Nr. 28 notiert hatte: »Bitte deutsche Fahrprüfung bestehen.«

Mir träumte, ich ginge zu einem Fahrlehrer. Der aber fragte: »Sie, Frollein, Sie sind doch sicher noch nicht achtzehn?«

Vor lauter Zorn nahm ich im Traum gleich -zig Pfund zu (vorher wog ich kaum neunzig) und sah danach viel würdiger aus. Auch war ich gewachsen und konnte – welch Wunder – als Japanerin auf den Durchschnitt der deutschen Bevölkerung herabblicken.

Sogar das Einkaufen von Wurst und Gemüse fiel mir plötzlich leichter: ich konnte nun die Auslagen auf der Theke besser übersehen und wurde auch schneller bedient.

Selbst in Textilgeschäften brachte mir meine neue erstaunliche Größe nur Vorteile. Anstatt in die Kinderabteilung gehen zu müssen, durfte ich nun in der Damenabteilung wählen. In meiner neuen Größe – ich weiß nicht recht, so ungefähr 46 – war stets eine überraschend reiche Auswahl vorhanden. Wie ärmlich war doch das Leben vorher gewesen, als ich noch die kleine Größe brauchte. Da gab es meistens nur Sachen aus Hongkong.

Sogar der Fahrlehrer sagte gleich: »Gnädige Frau« und ließ mich fahren. Ich steuerte den Wagen mit sicherer Hand und forsch durch den großstädtischen Verkehr, hielt an jeder Ampel, die auf Rot stand, pochte auf meine Vorfahrt, wo immer ich sie hatte, fuhr tunlichst keinen Polizisten um und nahm Rücksicht auf die Fußgänger nur auf den Zebrastreifen.

Plötzlich waren wir auf der Autobahn. Der Wagen brauste los, und es schien mir, als ob der Fahrtwind ihn flachquetschte. Der Tachometer kletterte auf 140, 160, 180, 200 Stundenkilometer. Ich drückte nur noch abwechselnd auf die Lichthupe und das Dreiklanghorn. Vor mir stoben die Sonntagsfahrer zur Seite und ließen mich mit meinem roten Flitzer vorbeizischen.

Plötzlich wurde es ganz still um mich. Ich wachte auf. »Ach so, der theoretische Teil liegt ja noch vor mir ...« Ich versuchte mich zu erinnern, ob bei dem Wagen, mit dem ich im Traum über die Autobahn gesaust war, der Motor vorn oder hinten ...? Ich wußte es nicht. Wie kann ich da hoffen, eine deutsche Fahrprüfung zu bestehen? Da stand ich auf und strich die Nr. 28 von meiner Wunschliste.

Ein Kind und eine Mutter

Ich saß einmal im Wartezimmer eines Arztes und sah einen Jungen, der schon recht brav war. Die Zeit wurde ihm zwar offensichtlich lang, und er rutschte auf dem Schoß seiner Mutter hin und her, kam aber nicht herunter, wie es mit großer Wahrscheinlichkeit ein japanisches Kind, d. h. das Kind einer japanischen Mutter, in ähnlicher Lage getan hätte. Dafür blinzelte er mich verstohlen an.

»Wie alt bist du?« fragte ich ihn. Er zuckte zusammen und kuschelte sich an seine Mutter. Scheu schaute er zu ihr hoch, dann wieder zu mir und flüsterte schließlich mit spitzem Mund und kleinen Augen: »Vier.«

»Sprich ordentlich«, ermahnte ihn die Mutter, »wie heißt das richtig?«

»Ich bin vier«, artikulierte der Junge zögernd, seine Augen auf die Mutter gerichtet.

Die Mutter wiederholte: »Ich bin vier Jahre alt – sag das nochmal!«

Der Junge tat es.

»Willst du meine Zeitschrift haben?« fragte ich den Jungen, und zur Mutter gewandt, erklärte ich: »Ich habe sie gerade gekauft. Sie brauchen sich keine Sorgen zu machen, daß sie vielleicht schmutzig sein könnte.«

Die Mutter nickte.

»Es sind auch Tierbilder drin«, fügte ich hinzu und reichte dem Jungen das Heft. Sich vorbeugend, griff er danach, doch die Mutter zog seinen ausgestreckten

Arm zurück und ermahnte: »Vergiß nicht, was du sagen sollst!«

Der eben noch begierig geöffnete Mund des Kindes wurde zum Strich. Seine Schultern sahen plötzlich ganz schmächtig aus. Er dachte angestrengt nach, fand aber keine Antwort.

»Ach, du mein kleines Dummerchen«, sagte die Mutter und strich ihm liebevoll übers Haar, »du sollst nicht vergessen, danke schön zu sagen!«

Mechanisch wiederholte der Junge: »Danke schön.« Dann ließ die Mutter ihn los.

Er krabbelte von ihrem Schoß und holte sich bei mir die Zeitschrift. Undeutlich murmelte er, zur Mutter blickend, noch einmal »Danke schön«, machte einen Diener irgendwohin und ging zum Tisch in der Mitte des Raumes.

Mit raschen, fliegenden Bewegungen begann er, die Seiten umzublättern. Ganz konzentriert stand er da, die Füße einwärts gestellt. Die Farben der Bilder, die vielen Formen strömten in seine weit geöffneten Augen, erzeugten einen Rausch wie die vorbeihuschenden Bilder einer Landschaft von einem fahrenden Zug aus gesehen. Seine Zunge spielte über seine Lippen, und ein Tropfen Spucke lief ihm übers Kinn.

»Nicht so hastig!« fuhr seine Mutter dazwischen. Mitten im Flug stoppte seine Hand. Ihre Bewegung wurde langsam. Mit betonter Sorgfalt blätterte er weiter und hinterließ von nun an auf jedem Blatt Eselsohren.

Japan ist von der Natur mit vielen heißen Quellen beschenkt worden. Etwa tausend, glaube ich, gibt es, oft in unmittelbarer Nähe des Meeresstrandes. Die heißen Wasser treten in breiten Strömen irgendwo aus den Felsen, werden in natürlichen Becken gesammelt und fließen weiter ins Meer. Hotels stehen in der Nähe und holen sich einen Teil des heißen Stroms heran, verteilen ihn in kleinere Ströme und leiten diese dann in große, gekachelte oder – schöner noch – mit Holz ausgekleidete Wannen. Jederzeit kann man darin baden, solange und so heiß, wie man will.

Deutschland ist nicht so gesegnet von der Natur. Deswegen stehen Deutschlands heiße Quellen streng unter ärztlicher Aufsicht – und unter Verschluß.

Im allgemeinen werden auch nur solche Leute hineingelassen, deren Gesundheit offenbar schon ärztliches Mitleid verdient. Ich hatte kürzlich das Glück. Ich durfte mit Genehmigung meiner Krankenkasse eine Kur machen.

Aus meinem Tagebuch:

Heute ist Damentag. Die Tür ist fest verschlossen. »Kommen Sie herein, schnell, schnell«, sagt die Türschließerin. In meiner Kabine lege ich meine Kleidung ab.

Ich betrete eine große Halle mit einem Schwimmbecken in der Mitte. An einem Ende sind Arkaden, am anderen das Thermalgemeinschaftsbad.

Im Halbrund sitzen dort viele Damen mit niedlichen, farbenfrohen Bademützen. Das gelbbraune

Thermalwasser umspült sie bis zu den Schultern. Sie sitzen still und stumm, streng besorgt und in sich versunken. Unsichtbar steht hinter ihnen der Doktor im weißen Kittel: »Mehr als 15 Minuten ist zuviel fürs Herz ...«, so lauschen sie angespannt der unüberhörbaren Stimme. Sie glauben an die Uhr und haben Angst vor ihr.

Durch die Arkaden schreiten ein, zwei, drei nackte Gestalten herein. Die Beine sind kurz, die Köpfe groß. Obenauf sitzen umgestülpte Einkaufstaschen aus Plastik als Bademützenersatz. Sie trippeln eins, zwei, drei brav hintereinander durch die maurischen Bögen, die lange Seite des Schwimmbeckens entlang, auf unser Thermalbad zu.

Graziös ziehen sie die Einkaufstaschen an den Henkeln über die Ohren. Dabei schnattern sie laut in gutturalen Tönen. Die Damen in der Thermalrunde blicken ihnen stumm entgegen. Dann sagt eine: »Gastarbeiterfrauen.« Die drei erreichen unser Thermalbad. Die erste steigt hinein, die zweite folgt, die dritte. Plumps-eins, plumps-zwei, plumps-drei – nur die Köpfe mit den umgestülpten Taschen sind noch zu sehen.

Stille.

Plötzlich rauscht das Wasser auf, und eine der eingesessenen Damen mit niedlicher Bademütze erhebt sich, prustet und verläßt das Bad. Die erste Gastarbeiterfrau sagt schnatternd etwas halblaut zur zweiten, die zweite schnattert zurück, und die dritte gurrt ihre Zustimmung. Dabei schauen sie alle, ohne den Kopf zu bewegen, mit schwarzen Kulleraugen blitzschnell nach rechts, nach links und wieder geradeaus. Mir kommt das alles so komisch vor, daß ich mit hellem Lachen herausplatze.

Die eingesessenen Damen wenden mir ihre Augen zu, verärgert, beleidigt. Auch die drei Neuankömmlinge schauen mich an. Sie lächeln. Sie nicken einander zu, nicken in die Runde, als ob sie sagen wollten: »Nun lacht doch endlich auch!«

Doch die Runde hüllt sich in Schweigen. Das Lächeln erstarrt, erstirbt. Eine nach der anderen stehen die Gastarbeiterfrauen auf. Sie entsteigen eins, zwei, drei dem Thermalbad, trippeln eins, zwei, drei um das ganze Schwimmbecken, planschen kurz im kalten Wasser, schütteln sich vor Grausen und verschwinden eins, zwei, drei in Richtung der Kabinen.

Ich lache immer noch, doch niemand lacht mit.

Alle schonen ihr Herz.

Und noch eine Tagebucheintragung:

Das schönste ist das Dampfbad. Es ist ein Tonnengewölbe, düster und angefüllt mit siedenden Schwaden, eine brühende Woge feucht-heißer Luft. Die drei treppenförmig ansteigenden Liegestufen, auf denen nackte Damen ernsthaft schwitzen, sind nur schwach durch den Nebel zu erkennen.

Ich habe heute herausgefunden, daß dieses Gewölbe eine wunderbare Akustik besitzt. Der Schall wird satt zurückgeworfen, die Stimme kann schwellen, modulieren, Töne unheimlich lange halten – sie ermüdet nicht in der heißen Nebelluft.

Wenn ich im Dampfbad bin, möchte ich singen, mich bewegen, die Hitze in die Lungen saugen, genießerisch in die Haut hineinfließen lassen, bis sie mich ganz erfüllt und aus allen Poren wieder herausdrängt. Wenn ich mich nicht bewege, finde ich die Hitze stickig und beklemmend.

Ich habe heute die Melodie aus der Nußknackersuite gesummt – und dazu getanzt. Als ich gerade mittendrin bin, öffnet sich die Tür, und herein tritt eine wahrhaft mächtige Gestalt. Sie überragt mich um Kopfeslänge und ist in den Hüften und Schultern doppelt so breit wie ich. Ich tanze weiter.

Da sagt die Gestalt lobend zu mir: »Gut so, Fräulein, Turnen ist gesund, es stärkt das Herz, aber wie Sie das machen, ist es falsch.«

Dabei breitet sie die Arme weit aus, hebt erst das eine Bein, dann das andere Bein, schlenkert es und sagt: »Locker lassen, ganz locker lassen ...« Dann beginnt sie mit wuchtig ausholenden Schlägen eins, zwei ... eins, zwei ... hoch-und-runter ... hoch-und-runter ... rechts-und-links ...

»Achtzehn Jahre«, keucht sie, »achtzehn Jahre bin ich schon Mitglied des Deutschen Sportvereins, das müssen Sie sich mal vorstellen!« Ich stehe noch immer verwundert da und schaue ihr zu. »Los, fangen Sie an!« ruft sie mir zu und breitet erneut die Arme aus.

Ich kehre zurück zu meiner Nußknackermelodie: der Chinesische Tanz! Mit Steppschritten und abgespreizten Händen trippele ich auf das Mitglied des Deutschen Sportvereins zu ...

Der Blumenwalzer!

Da muß ich leider meine Fußspitze bis unter ihre

Nasenspitze fliegen lassen ... da dreht sie sich herum und geht hinaus.

Schade.

Knospenspitzenfrühlese

Schließlich holte ich eine andere Teekanne und eine Tasse mit Henkel aus der Küche, stellte Zucker und Büchsenmilch, genannt Sahne, auf den Tisch und goß meinem Gast schwarzen Tee ein.

Der Tee, den ich ihm vorher serviert hatte, war anscheinend nicht so ganz das Richtige gewesen: grüner Tee, wie ich ihn mir eigens aus Japan kommen lasse – dieses Mal sogar eine besonders gute Sorte.

Doch mein Gast hatte beim ersten Schluck ein Gesicht gemacht, als beiße er auf ein Stück Seife. Er trank zwar noch tapfer einen zweiten Schluck, meinte dann aber mit skeptischer Miene: »Ist das Tee?«

»Grüner Tee aus Udji«, sagte ich.

Er echote fragend: »Udji?«

»Das ist die bekannteste Teegegend Japans. Und dies ist eine Knospenspitzenfrühlese.«

Mein Gast nickte ehrfurchtsvoll, hob die Tasse wieder an die Lippen, trank aber nicht, sondern zog nur den Duft ein: »Darf ich ein Stück Zucker haben?«

Da dachte ich an meine erste Begegnung mit deutschem Wein.

Es war in Amerika, bei Freunden, die erst wenige Jahre zuvor aus Deutschland eingewandert waren.

»Wir können dir heute richtigen deutschen Wein anbieten«, sagten sie, »wir haben vorige Woche eine Sendung aus Deutschland bekommen.«

Dann wohnte ich mit Staunen dem Öffnen einer Weinflasche bei. Sorgfältig ritzte mein Bekannter mit einem spitzen Messer die Kappe der Flasche. Darauf reinigte er die Oberseite des Korkens. Danach drehte er einen Korkenzieher ganz langsam hinein, überzeugte sich mehrmals davon, daß er gerade saß, und nahm schließlich die Flasche zwischen seine Oberschenkel. Er zog den Korken bedächtig zunächst halb heraus, dann mit einem Ruck ganz und hielt ihn sich unter die Nase.

»Der ist guuut«, sagte er.

Daraufhin reinigte er mit dem Zipfel eines Küchenhandtuchs innen den Hals der Flasche, drehte den Korken langsam aus dem Korkenzieher und steckte ihn wieder auf die Flasche.

Wir setzten uns an einen Tisch, und er goß ein wenig Wein in sein Glas, betrachtete sich das von allen Seiten, schnupperte daran, nippte ein wenig, dann erst goß er mein Glas voll und das seiner Frau.

Endlich füllte er auch sein Glas auf. Er hob es feierlich und hielt es mir zunickend hin. Ich griff zögernd danach, doch er zog sein Glas wieder zurück und sagte: »Wir wollen anstoßen.«

Beim ersten Schluck erbebte ich innerlich. Ich schaute schnell zu meinen Freunden hin: Beide hielten ihre Gläser noch vor dem Mund und hatten die Augen geschlossen, wobei sie langsam kauende Bewegungen mit den Kinnladen ausführten. Ich nahm mich sehr zusammen und schluckte.

»Ein 61er Mosel – feinste Auslese.« Die Stimme klang, als ob sie mir ein großes Geheimnis offenbarte. Mich aber hatte der erste Schluck eher an Pampelmusensaft erinnert.

»Stell dir vor«, sagte dann mein Bekannter, »von diesem edlen Tropfen habe ich meinen besten amerikanischen Freunden zwei Flaschen geschenkt. Was meinst du, was sie damit gemacht haben?«

Ich hatte keine Ahnung.

»Zucker haben sie hineingetan ... Zucker!«

Es ist offenbar für einen Deutschen genauso schwierig, dem japanischen grünen Tee Geschmack abzugewinnen, wie es für eine Japanerin schwierig ist, den goldenen deutschen Wein genüßlich zu schlucken. (Amerikaner haben mit beidem Mühe.) Es dauert Jahre, und man muß fleißig üben. Aber es ist nicht ausgeschlossen, daß man schließlich doch den Stand eines mittleren Wein- oder Teekenners – je nachdem – erreicht.

Auch ich habe einmal ganz klein angefangen. Heute aber kann ich schon nach dem ersten Schluck (und nachdem es mir gelungen ist, heimlich einen Blick aufs Etikett zu werfen) sagen: »Sehr blumig, dieser Cröver Nacktarsch ...«

Ernst beim Essen

Zweifellos ist das Essen lebensnotwendig. Man kann darauf nicht längere Zeit verzichten, ohne sein Leben zu gefährden. Also muß man essen, um zu leben. Das ist ja in Deutschland geradezu sprichwörtlich.

Nun taucht die große Frage auf: Was heißt »leben«? Wenn »leben« nur das Gegenteil von »tot sein« ist, dann ist Essen eine Pflichtübung zur Erhaltung des Lebens, denn Selbstmord soll ja Sünde sein. Falls »leben« hingegen etwas anderes bedeutet als bloßes »nicht tot sein«, dann könnte vielleicht auch im Essen ein höherer Sinn verborgen liegen.

Das Trinken erhält höheren Sinn durch den Alkohol, der auf das Gehirn wirkt, welches der edelste Teil des Menschen sein soll und über dessen Funktion man folglich gerne spricht.

Für das Essen gibt es offenbar keine höheren Weihen. Es wirkt ja auch nur auf den nicht ganz so edlen Magen.

In Japan gibt es ein Sprichwort, welches behauptet: »Wie man ißt, so liebt man ...«

Die Franzosen lieben das Essen auch. Die Japaner, die man doch sonst gerne als die »Preußen Asiens« bezeichnet, scheinen mir in diesem Punkte eher den Franzosen nahezustehen. Jedenfalls legen die Japaner größten Wert auf die Gefühle, die sich beim Essen an den Enden der Geschmacksnerven ergeben.

Schon von meinem ersten Deutschlandbesuch her sind mir die Worte unauslöschlich im Gedächtnis haftengeblieben, mit denen mir bei Tisch etwas angeboten wurde: »Das ist gesund.«

Es war Quark mit Schnittlauch und Petersilie, aber ich fühlte mich damals gar nicht krank.

Der Essensprozeß wird in Deutschland rationalisiert und unter dem Aspekt möglicher Zeitersparnis betrachtet. Japaner sind da anders. Je besser es schmeckt, um so mehr Zeit nehmen sie sich – auch wenn sie nur wenig Zeit haben. In Deutschland bin ich mit dem Essen immer erst halb fertig, wenn sich meine Tischgenossen schon nach dem Nachtisch sehnen. Suppe zu essen habe ich schon aufgegeben, damit ich mit dem Hauptgang eher anfangen kann. Auf den Pudding verzichte ich auch meist freiwillig, damit ich wenigstens bis zur Aufhebung der Tafel Zeit genug habe, meinen Teller leer zu essen.

Essen ist Arbeit – und ein Kampf mit dem Arbeitsgerät, mit Messer und Gabel. In Japan wird alles in mundgerechte Stücke geschnitten serviert. Ich finde das sehr entgegenkommend. In Deutschland bitte ich meist meinen Tischnachbarn, mir das Fleisch zu schneiden. Das ist sicherer für ihn und für mich.

»Warum essen die Japaner, die sonst doch schon so zivilisiert sind, immer noch mit Stäbchen?« So werde ich bisweilen gefragt. Nun, vielleicht wollen wir nicht so zivilisiert sein …

Brief über das Küssen

Lieber ...

Seien Sie bitte nicht enttäuscht, wenn ich Ihnen heute wahrheitsgemäß schreibe, daß man in Japan nicht küßt.

Nicht freundschaftlich, nicht verwandtschaftlich, nicht diplomatisch und auch nicht, wie Sie meinen, ehrerbietig.

Eltern küssen ihre Kinder nicht, Großeltern ihre Enkel nicht, Onkel und Tanten küssen nicht ihre Neffen und Nichten, und die Neffen und Nichten nicht ihre Onkel und Tanten. Man küßt nicht die Stirn, nicht die Augen, nicht die Wangen, nicht die Haare, nicht Hals, Nase und Ohren, nicht die Lippen und nicht einmal die Hand. Küssen ist kein Gesellschaftsspiel.

In Europa gibt es eine Stufenleiter des Küssens. Sie beginnt auf der untersten Stufe mit einem höflichen, unverbindlichen Handkuß und endet irgendwo ganz oben im Himmel.

In Japan gibt es keine solche Stufenleiter. Küssen als Höflichkeitsbeweis ist völlig undenkbar. Küssen aus Zuneigung oder aus verwandtschaftlicher Notwendigkeit ebenfalls.

Küssen als Flirt ist zwar *en vogue* – aber im Grunde nicht japanisch.

Ich will versuchen, es Ihnen zu beweisen: Wäre das Küssen als Spiel der Liebe echt japanisch, so würde in vielen Liebesszenen in der Literatur und im Film der Nacken einer Frau den ersten Kuß auf sich ziehen, denn eine lange, sanft geschwungene Nackenlinie ist in Japan der Inbegriff weiblichen Reizes. Das war früher so und ist wohl heute noch nicht ganz überholt. Doch ich kenne keinen Roman und auch keinen Film aus Japan, wo der Nacken einer Frau das Ziel des ersten Kusses gewesen wäre. Man küßt – wenn überhaupt – auf amerikanisch oder, etwas nuancierter, auf französisch. Man küßt so, wie man es vom Westen gelernt hat – oder so, wie man glaubt, daß es »richtig« sei.

»Küssen ist«, so steht es in meinem japanischen Lexikon, »eine in Europa und Amerika gebräuchliche Art, jemandem Respekt, Zuneigung oder Liebe zu erweisen, indem man mit den eigenen Lippen die Hand, die Wangen oder die Lippen dieser anderen Person berührt und daran saugt.« Ist das nicht eine schöne Definition? Man spürt so unmittelbar den Mangel an Erfahrung. Die Stufenleiter ist einfach nicht da.

Wissen Sie übrigens, wie das Wort »Küssen« erstmals nach Japan gekommen ist?

Sie werden es nie erraten! Durch die Bibel, durch die Übersetzung der Bibel ins Japanische. Der Verrat des Judas – durch einen Kuß. Die Vergebung für den verlorenen Sohn – durch einen Kuß. Der Abschied des Paulus von seiner Gemeinde – mit vielen Küssen.

Man hat damals »Kuß« mit »seppun« übersetzt, mit »Berühren der Lippen«. Heute sagt man auch »kuchizuke«, was »Berühren des Mundes« bedeutet. Beide Worte waren damals neu und rein biblisch.

Heute werden beide Wörter im weitesten Sinne benutzt. Doch wer modern sein will, sagt: »kiss«.

Abgesehen von denjenigen Japanern und Japanerinnen, die nach amerikanischem Vorbild »kiss fans« geworden sind, wird das Küssen, so glaube ich, auch heute noch in Japan recht ernst genommen. Vor kurzem fragte mich ein japanisches Mädchen, das als Germanistin zwei Jahre hier in Deutschland studiert hatte, um Rat. Ein deutscher Student wolle sie heiraten, sagte sie mir – er hatte versucht, sie zu küssen …

Sie lächeln darüber? Nun, dann lächeln Sie auch über mich. Ich erinnere mich noch sehr gut an meine erste praktische Übungsstunde in einer amerikanischen Schauspielschule.

Ich hatte, das muß ich vorausschicken, in Japan schon öfters im klassischen Tanz, aber auch als Schauspielerin in modernen Stücken auf der Bühne gestanden. Aber so etwas wie in jener ersten Übungsstunde hätte ich nie erwartet. Wir waren etwa vierzig Studentinnen und Studenten. Ich war die einzige Nichtamerikanerin. Wir standen im Halbkreis auf der Bühne. »Love scenes« war das Thema. Wir sollten paarweise vorführen, wo man wann wie küßt.

»Okay, let's do it«, sagten die anderen. Der Professor gab kurze Regieanweisungen. Es waren etwa zehn Paare vor mir. »Erste Liebe«, »Gatte im Zorn«, »Gattin eifersüchtig …a) ohne Grund, b) mit Recht«, »Omas letzte Liebe«, »Opas Spätlese« …

An die letzten Paare vor mir habe ich schon keine

Erinnerung mehr. Als die Reihe an mich kam, tat ich einige Schritte zur Mitte – und fiel dann ohnmächtig hin ... ich hatte noch nie geküßt.

Nun, das ist lange her. Heute akzeptiere ich Ihren ehrerbietigen Kuß auf die Stirn mit einem Lächeln.

Ihre H. M.

Brief über das Anfassen

Lieber ...

Über Ihr kleines Geschenk habe ich herzlich gelacht. Wußten Sie eigentlich, daß ich einen enormen Seifenverbrauch habe? Ich wasche mir – ich kann es nicht ändern – täglich mindestens zehnmal die Hände. Immer dann, wenn ich nach guter deutscher Sitte jemandem mit Handschlag »Guten Tag« oder »Auf Wiedersehen« gesagt habe, laufe ich, sobald ich kann, zum Waschbecken und wasche mir meine Hände.

In Japan spielt sich das ganze gesellschaftliche Leben ohne körperliche Berührung ab. Man begrüßt sich mit einer Verbeugung, man verabschiedet sich mit einer Verbeugung. Statt sich händeschüttelnder, schulternklopfender oder gar wangenküssender Weise gegenseitig »alles, alles Gute ...« zu wünschen »und nochmals alles, alles Gute ...«, verbeugt man sich im Gegentakt.

Bisweilen kommt es vor, daß dabei zwei mit ihren Köpfen aneinanderstoßen – das tut aber weniger weh, als meine zerquetschte Hand in einer kraftvollen deutschen Tatze. (Deswegen trage ich rechts keinen Ring – ist Ihnen das noch nicht aufgefallen?)

Als Kind habe ich mit meinen Freundinnen gern nach solchen sich im Gegentakt verbeugenden Erwachsenen Ausschau gehalten. Man findet sie auf den Bürgersteigen, wo sie den Verkehr behindern. Wir liefen dann im richtigen Augenblick zwischen ihnen hindurch und guckten, ob sie, in ihrer Verwirrung sozusagen »taktlos« geworden, mit den Köpfen aneinanderstießen.

Man sieht natürlich bei einer tiefen Verbeugung nicht sehr viel von der Welt und von seinem Gegenüber. Man weiß auch nie so recht, wann es Zeit ist, sich wieder aufzurichten. Wenn meine Mutter Gäste verabschiedete, habe ich ihr als Kind vom Türspalt her leise (aber nie leise genug) zugerufen: »Noch nicht, noch nicht« oder »Entwarnung ...« Dann mußte sich meine Mutter mit einer erneuten Verbeugung wegen ihrer ungeratenen Tochter entschuldigen.

Übrigens, manche Deutsche scheinen schon davon gehört zu haben, daß sich Japaner bei der Begrüßung voreinander verbeugen. Kürzlich faltete jemand seine Hände, hob sie an die Stirn und machte einen tiefen Diener vor mir. Aber ich bin keine Inderin! Ein anderer verschränkte einmal seine Arme vor seiner gewaltigen Brust und verbeugte sich würdig. Aber das ist chinesisch. Richtig japanisch ist, die Hände leicht an die Oberschenkel zu legen. Sie können es inzwischen ja mal üben ...

Europäer neigen zu dem Glauben, daß alles, was sie tun, »normal« sei und alles, was die anderen tun, eher komisch. So ist es auch mit dem Drang nach einem Sich-gegenseitig-Berühren, der mir bei den Europäern sehr stark entwickelt zu sein scheint. Ist es ein magischer Glaube an das Übertragen geheimer Kräfte – so wie beim Handauflegen – oder ist es ein Herdentierinstinkt, gewachsen in den kalten Wäldern Europas oder den lebensfeindlichen Wüsten des Vorderen Orients? Früher, noch vor vierzig Jahren, hätten Sie wohl nie in Japan ein Ehepaar Arm in Arm oder ein Pärchen Hand in Hand auf der Straße gehen sehen – heute hat sich die junge Generation weitgehend den westlichen Gepflogenheiten angeglichen. Schon in Indien, mehr noch in China und ganz ausgeprägt in Japan spielt sich das öffentliche Zusammenleben der Menschen weitgehend ohne unmittelbare körperliche Berührung ab. Um Gedanken oder Gefühle zu übermitteln, bedient man sich dort der Sprache. Um engere Bindungen anzubahnen, gibt es viele Ausdrucksmittel: die Augen zum Beispiel oder der Klang der Stimme, eine leise Geste – oder Stille.

Haben Sie schon davon gehört, daß sich bisweilen Liebende – auch ohne ein Wort zu sprechen – verstehen?

Die Thai-Mädchen seien, so las ich kürzlich, stets zu einem fröhlichen, aber ganz und gar unverbindlichen Flirt aufgelegt. Ich glaube, das hat etwas zu tun mit jener allgemeinen asiatischen Übereinkunft, sich gegenseitig nicht zu berühren – die Mädchen fühlen sich unbeschwert und nicht gleich »bedroht«.

Sie wissen doch, daß es in Japan zahlreiche heiße Quellen gibt. Früher badeten Mädchen und Jungen, Männer und Frauen gemeinsam und unbekleidet. Das war in den kleinen Landstädten oder Dörfern so, aber auch in den in der Nähe der Quellen erbauten Hotels. Keiner fand etwas dabei.

Inzwischen ist man auch in Japan sexbewußt geworden und hat Badegelegenheiten streng nach Geschlechtern getrennt. Die Nacktheit hat ihre Unbefangenheit verloren.

Ihre H. M.

Kultur im Austausch

Vor einigen Jahren sagte mir ein sehr gebildeter Mann, der lange Zeit in New York gelebt hatte und dem ich von meinen Plänen erzählte, japanische Theaterstücke mit amerikanischen Schauspielern auf amerikanischen Bühnen zu inszenieren: »Kulturaustausch? Es hat ja doch keinen Zweck ...«

Er, selbst Japaner und als Diplomat im staatlich geförderten Kulturaustausch erfahren, meinte, daß das eigentlich Japanische doch nie von Amerikanern oder Europäern erfaßt werde, daß der Kulturaustausch höchstens wirtschaftliche Bedeutung haben könne.

Ich war damals sehr idealistisch und wies auf den belebenden Einfluß japanischer Holzschnitte auf den französischen Impressionismus hin. Aber mein Gesprächspartner brachte eine solche Fülle von Beispielen mißverstandener Verwendung japanischer Elemente in der europäischen Kunst, daß ich nach meinem stärksten Argument griff. »Warum«, so fragte ich, »ist Kyoto im Krieg nicht zerstört worden?«

Kyoto, die Millionenstadt, tausend Jahre lang Zentrum des japanischen Reiches, angefüllt mit unersetzlichen Kunstschätzen und Gebäuden, Kyoto stand 1944 auf der Liste der Zielorte. Einige Amerikaner jedoch stellten sich der Zerstörungsmaschinerie entgegen und retteten durch ihre Fürsprache Kyoto.

War es zur Rettung Kyotos notwendig, daß jene Amerikaner die japanische Kultur genauso empfanden, wie Japaner sie – vielleicht – empfinden?

Was mich in Amerika am meisten beeindruckt hat, ist die unverhohlene Bereitschaft der Amerikaner, Neues kennenzulernen, in sich hineinzupumpen, um vielleicht daraus etwas zu lernen. In dieser Hinsicht sind sie den Japanern ähnlich, die fremde Kulturen zunächst *en bloc* schlucken, allmählich verarbeiten und schließlich – wenn's gutgeht – selektiv in schöpferische Impulse umwandeln.

In Deutschland besteht, so glaube ich, eine Tendenz, die Kulturen anderer Länder vom Gelehrtenstandpunkt aus zu betrachten. Wer etwas über Japan erzählen möchte, sieht sich einer gelehrigen Zuhörerschaft gegenüber, die still dasitzt und am Ende applaudiert. Selbst wenn man etwas Wichtiges nicht verstanden hat, gilt es in Deutschland als unfein, zu fragen, denn man könnte sich ja bloßstellen.

Die Einstellung der Amerikaner zu Japan ist dynamisch, die der Deutschen eher statisch.

Damit meine ich, daß die Amerikaner bereit sind, zum Zweck ihrer eigenen Entwicklung ostasiatisches Kulturgut in sich aufzunehmen und zu verarbeiten, während die Deutschen sich mit dem ästhetischen Genuß allein begnügen.

Japanern fehlt – wie allen Asiaten – jenes Sendungsbewußtsein, das die Europäer und Amerikaner in so ausgeprägtem Maße entwickeln. Ein Japaner wird von sich aus nie versuchen, seine Meinung einem Gesprächspartner mit Nachdruck klarzumachen. Es verstößt gegen die elementarste Höflichkeitsregel, sein Gegenüber ins Unrecht zu setzen.

Im Gegenteil, ein Japaner ist gehalten, seine Antwort stets so abzuwägen, daß der andere zufrieden ist – sei es auch nur für kurze Zeit.

Häufig stellen Europäer Suggestivfragen, weil sie sich scheuen, »ganz dumm« zu fragen. Damit zwingen sie ihren japanischen Gesprächspartner, so zu antworten, daß die vielleicht nur unbewußt erwartete Auskunft auch wirklich erteilt wird: Japaner sind Meister im Erraten von halbverdeckten Gedanken.

Es ist interessant, zu beobachten, mit welcher Bereitwilligkeit in Deutschland Neuerungen aus Amerika übernommen werden. Für mich als Japanerin ist es manchmal lustig, zu bemerken, wie auf diese Art und Weise unbewußt japanisches Gedankengut mit eingeschmuggelt wird.

Als ich einmal Bilder von meinem Elternhaus zeigte, das auf einer bewaldeten Erhebung mitten in Kyoto liegt, meinte jemand furchtbar Gebildeter, meine Eltern hätten sich aber ein schönes modernes

Haus gebaut. Als ich ihm sagte, das Haus sei schon vor über hundert Jahren erbaut worden, schüttelte er ungläubig den Kopf und sagte: »Aber bis auf das japanische Dach ist es doch ein typisch europäisches Haus!«

Ein Architekt zeigte mir einmal voller Stolz einen modernen Bungalow (übrigens ein bengalesisches Wort!), den er entworfen und gerade fertiggestellt hatte. Der Wohnraum öffnete sich auf zwei Seiten zum Garten hin mit durchgehenden Glasfronten, die vom Boden bis zur Decke reichten. Übermäßig starker Sonneneinfall im Sommer wurde durch ein weit vorspringendes Dach abgeschirmt. Der Fußboden war mit einem einfarbigen Teppich bespannt, die Wände kühl weiß, die Decke mit Holz verkleidet. Nur wenige, aber geschickt plazierte Farbakzente belebten den Raum. Die einzige nicht streng geometrische Form bildete ein knorriger Ast im Raum, der schräg aufsteigend quer vor der einen Glasfront stand und den eine Blattpflanze umrankte.

Ich fühlte mich dort sehr zu Hause. Alles war für mich nichts weiter als eine gelungene Anwendung japanischer Stilelemente: Stilelemente, die schon vor über 1000 Jahren in Japan zur Blüte gebracht worden sind. Dem heutigen Stand der Technik entsprechend sind Stahl und Beton an Stelle der tragenden Holzkonstruktion des japanischen Hauses getreten. Doppelt verglaste Scheiben schützen vor dem kalten Klima, ein durchgehender Vorhang erfüllt die gleiche Funktion wie unsere japanischen, mit durchscheinendem Papier bespannten Schiebetüren.

Wenn wir in Japan sozusagen die Vorhänge aufziehen, öffnen wir diese Schiebetüren weit, damit zugleich mit dem vollen Tageslicht auch Luft in den Raum kommt.

Japan hat, begünstigt durch sein Klima, mit dem einfachen Material Holz eine Architektur entwickelt, die das höchste Raumgefühl vermittelt. Es erscheint mir ganz natürlich, daß man nun im kalten, lichtarmen Deutschland bestrebt ist, die gleichen Stilelemente zu nutzen, nachdem die technische Entwicklung die Voraussetzungen dafür geschaffen hat. Was tut's, wenn ich da des öfteren gefragt werde: »Sagen Sie mal, in Japan wohnt man doch in Papierhäusern, nicht wahr?«

Vernunftehen

Die Ehe ist, so denken die Japaner, ein viel zu wichtiges Geschäft, als daß man ihr Zustandekommen dem Zufall überlassen dürfte. Deshalb mischen die älteren Japaner mit, die schon über eine große Lebenserfahrung verfügen. Wir dürfen es nicht allein den jungen Leuten überlassen, denken sie, die sind sonst überfordert.

Die jungen Leute ihrerseits denken meistens auch so, denn die Ehe ist – in Japan – keine Privatangelegenheit. Sie hat einen ganz anderen Stellenwert als in den westlichen Ländern. Der Liebe dient sie am wenigsten.

Liebe ist nicht unbedingt gefragt. Sympathie reicht, wenn anderweitig die Bedingungen stimmen.

Die Bedingungen legt die Familie fest. Es sind vor allem finanzielle und standesgemäße Gesichtspunkte, die zählen.

Die Liebe ist ein viel zu schwankendes Fundament. Man kann darauf – nach japanischer Erfahrung – keine Ehe bauen. Liebe blüht plötzlich auf und vergeht. Deshalb ist es besser, für die Ehe nicht unbedingt Liebe zu verlangen. Eine Ehe soll dauerhaft sein. Das liegt im Interesse aller Beteiligten. Da Liebe aber häufig unstet ist, halten es die Japaner für ratsam, auf Nummer Sicher zu gehen und das Zustandekommen einer Ehe nicht von dem gleichzeitigen Vorhandensein von Liebe abhängig zu machen.

Wenn sich während einer Ehe so etwas wie Liebe einstellt, dann ist das schön. Man freut sich auch in Japan, wenn Leute, die verheiratet sind, sich verstehen und Liebe füreinander empfinden.

Andererseits möchte man das Risiko nicht eingehen, daß eine Ehe, die mit überschäumenden Liebesgefühlen begann, nach ein paar Jahren an der Enttäuschung zerbricht, die mit der Gewöhnung gekommen ist.

Man traut der Liebe nicht.

Weil man in Japan ganz allgemein der Liebe nicht traut und ihre Unbeständigkeit fürchtet, mißtrauen ihr in der Regel auch die jungen Leute. Und wenn sie verliebt sind, mißtrauen sie sich selbst. Sie glauben nicht an die Ewigkeit der Gefühle und leiten aus ihrem eigenen Verliebtsein selten den Anspruch ab zu heiraten. Vor allem, wenn die Mitwelt Bedenken äußert.

Die Mitwelt kann die Familie sein, aber auch der Kollegenkreis in der Firma, wo man arbeitet, oder der jeweilige Vorgesetzte. Da die japanischen Männer, von wenigen Ausnahmen abgesehen, lebenslang in jenen Firmen bleiben, in denen sie einmal als junge Menschen angefangen haben, kommt allem, was mit dem Arbeitsplatz zusammenhängt, eine große Bedeutung zu. Man bleibt nicht nur in einer bestimmten Firma, sondern durchläuft auch gemeinsam mit allen gleichaltrigen oder zur gleichen Zeit eingestellten Kollegen die Beförderungsleiter – unterschiedlich schnell, je nach Fleiß, Begabung und Geschick. Trotzdem bleibt jeder im Blickfeld des anderen.

In diesem System ist es ungeheuer wichtig, unter welchem Chef man arbeitet, was ein solcher Chef für den eigenen Berufsaufstieg tun will und kann. Deshalb versichern sich die meisten jungen japanischen Männer, bevor sie heiraten, des wohlwollenden Einverständnisses des Chefs oder überlassen ihm die Auswahl ihres Ehepartners, weil das ein guter Weg ist, den Chef an das eigene Aufstiegsinteresse zu binden. Von einem Chef, dem man die Möglichkeit gegeben hat, sich durch eine gelungene Ehestiftung emotionell verpflichtet zu fühlen, darf man eine bessere Berufsförderung erwarten.

Das wissen die Japaner und handeln danach. Vor allem jene Japaner, die sich als Elite empfinden, die verbissen am eigenen Fortkommen arbeiten und für die jeder Pluspunkt zählt, den sie gegenüber ihren gleichaltrigen firmeninternen Konkurrenten zum eigenen Vorteil verbuchen können.

Deshalb ist der Anteil der fremdvermittelten Ehen bei den strebsamen Aufsteigern der japanischen Großindustrie und Großbanken besonders hoch. Für sie zählt unter vielem anderen auch, was der Vater der Ehefrau ist, wieviel ein solcher Schwiegervater im Hintergrund für das eigene rasche Vorwärtskommen tun kann. Deshalb suchen sich diese Elitejapaner besonders sorgsam die Frau aus, mit der sie für den Rest des Lebens verknüpft sein werden. Scheidungen sind in diesen Kreisen selten, weil die Voraussetzung für eine Scheidung – eine gestorbene Liebe – nicht gegeben ist.

Auch daß die meisten Aufsteiger irgendwann, häufig schon sehr bald, sexuelle Erfüllung außerhalb der Ehe suchen, wird kaum als ein Fehltritt gewertet. Noch nicht einmal von der eigenen Frau. Sie mag – körperlich – Eifersucht empfinden, aber sie denkt nicht, daß damit die Ehe zu Ende sei. Meistens hält sich die Eifersucht der Frau in Grenzen, weil am Beginn der Ehe weder glühende Liebe noch ein Liebes- oder Treuegelübde gestanden haben.

Es gibt in Japan bei der Eheschließung keinen Treueschwur, sondern nur eine vage Hoffnung, daß die Ehe ein sozialer Erfolg werden möge. Um hierfür günstige Voraussetzungen zu schaffen, verwendet man in Japan viel Geld, Zeit und Gedanken darauf, Ehepartner zusammenzubringen, die ähnliche Ansprüche an das Leben stellen.

Man sagt sich, wenn der Familienhintergrund stimmt, die finanzielle Seite gesichert ist und auch der berufliche Aufstieg des Mannes voraussichtlich davon profitiert, dann kann eine Ehe nicht schlecht werden.

Je mehr bedeutende Leute – Familienmitglieder, Kollegen, Chefs – an einer Ehestiftung beteiligt sind, um so größer ist die Garantie für den Erfolg. Je mehr Augen aufpassen, um so stärker ist auch die Freiheit des Mannes eingeengt, bedenkenlos fremdzugehen.

Dies wirkt ehestabilisierend.

Ein echter Mann – so denken die Japaner – ist einer, der den Aufstieg schafft. Dafür soll er auch seine Freiheiten haben. Gleichzeitig aber gilt: Ein Mann, der sich von einer Frau anbinden läßt, der zu Hause nach der Pfeife seiner Frau tanzt oder eine Konkubine unterhält, die ihn so sehr fesselt, daß er an nichts anderes mehr denkt, der ist kein echter Mann. So einer zeigt, daß er das Leben und die Frauen nicht zu meistern versteht. So einer gilt auch unter japanischen Männern nichts.

Andererseits fügen sich die meisten japanischen Ehefrauen in ihr Schicksal. So, wie die Männer sich überwiegend nur im Kollegenkreis bewegen und sich dort durch den Aufstieg hervorheben wollen, verkehren die japanischen Ehefrauen zumeist mit Kollegenfrauen. Sie messen sich untereinander am Wert ihrer Männer. Jede Frau wünscht sich, daß der Mann, den sie nach sorgfältiger Prüfung, einschließlich Familienberatung, als den aussichtsreichsten Aufsteiger gewählt und geheiratet hat, den Aufstieg auch wirklich schafft. Jede Frau möchte den schnellsten Aufsteiger zum Mann haben. Das würde auch ihren Wert erhöhen. Sie paßt auf, daß ihr Mann sich nicht verzettelt. Sie verhindert auf jede mögliche Weise, daß er Dummheiten macht, die seinem und ihrem Ansehen schaden.

Auch das wirkt sehr ehestabilisierend.

Natürlich können nicht alle Ehemänner in Japan die schnellsten Aufsteiger sein. Daher sind viele Ehefrauen frustriert. Sie lassen sich deshalb aber nicht scheiden, sondern helfen den Kindern bei den Schulaufgaben. Sie setzen ihre enttäuschten Hoffnungen auf ihre Kinder und tun alles, damit wenigstens diese zu richtigen Aufsteigern werden.

Den Söhnen wird die Vorstellung eingeimpft, wie ein echter japanischer Mann zu sein hat: er soll Leistung, Arbeitswillen, Durchstehvermögen, Gleichgültigkeit gegenüber Frauen besitzen. Die Töchter werden aufs Leben vorbereitet, indem man ihnen sagt, daß sie nur dann ein erfülltes Leben als Frau erwarten dürfen, wenn sie richtig heiraten. Um aber den richtigen Mann bekommen zu können, müssen sie vorher viel leisten – fleißig sein, lernen, studieren –, damit ihre Heiratsbedingungen gut sind, wenn es einmal soweit ist.

Japaner nehmen das Leben und die Ehe ernst.

Eheanbahnung

Weil Taro schon neunundzwanzig Jahre alt und immer noch unverheiratet war, wurden seine Eltern allmählich nervös. Taro war der älteste Sohn, und deshalb war seine Ehe besonders wichtig. Jiro, der jüngere, hatte sich, dickköpfig wie er war, mit seinen sechsundzwanzig Jahren selber ein Mädchen ausgewählt und drängte auf Heirat. Es war schlimm, daß Jiro den Rat der Eltern nicht gesucht hatte und die Bedenken nicht hören wollte, die sie gegen dieses Mädchen und seine Familie vorbrachten. Er drohte sogar damit, dieses Mädchen zu heiraten, bevor Taro, der ältere Bruder, versorgt war. Nur mit Mühe konnten die Eltern ihn zu einem zeitlichen Aufschub bewegen.

»Wir richten dir keine Hochzeit aus«, sagten sie zu Jiro.

Jiro wußte, was das bedeutete. Also lenkte er ein.

»Taro soll sich beeilen«, sagte er aber, »er kann genug Frauen finden – bei seiner Stellung.«

Taro war bei Kakubeni angestellt, und es gab Anzeichen dafür, daß er eine blendende Karriere vor sich hatte. Die Geschäftsleitung wollte ihn sogar ins Ausland schicken. Er sollte in einer der vielen Kakubeni-Filialen rund um die Welt seine Ausbildung vertiefen können. Taro lernte schon vorsorglich Deutsch und frischte seine Englischkenntnisse auf.

»Vielleicht werde ich nach Düsseldorf geschickt«, sagte er.

»Nur nach Düsseldorf«, höhnte Jiro, »so ein drittklassiger Ort. Warum nicht nach New York?«

»Ich wünschte, du hättest auch eine große Karriere vor dir«, wies die Mutter Jiro mild zurecht, »aber du mit deiner Dickköpfigkeit …«

Die Zeit drängte. Falls Taro wirklich nach Düsseldorf geschickt werden sollte, mußte er vorher verheiratet sein. Das war Prinzip bei Kakubeni. Man sprach es zwar nicht aus, aber noch nie war ein Kakubeni-Mann zu einem Auslandsaufenthalt geschickt worden, der noch keine Frau hatte.

»Ich überlasse es ganz euch«, sagte Taro zu seinen Eltern, »eine Frau für mich zu finden.«

»Wir sollten deinen Chef einschalten«, sagte der Vater voller Stolz, »damit du auch wirklich gefördert wirst, wie du es verdienst. Vielleicht weiß er eine gute Frau für dich.«

Taro hatte schon mehrmals zu Hause berichten müssen, ob er bei seinem Chef Anzeichen der Besorgnis bemerkt habe, weil er noch immer unverheiratet sei. Einmal hatte Kobayashi, der Abteilungsleiter, Taro abends nach Dienstschluß an der Bar in Shinbashi gefragt, ob er schon Heiratspläne habe, aber Taro war die richtige Antwort nicht gleich eingefallen.

»Du bist ein Dummkopf«, hatte die Mutter ihn hinterher ausgeschimpft, »stell dich nächstens an der Bar immer in Kobayashis Nähe, damit er noch einmal ein Interesse an deinem persönlichen Wohlergehen erkennen lassen kann.«

Auch der Vater pflichtete ernsthaft bei und sagte, daß Kobayashi ein guter Abteilungsleiter sei, da er sich doch offensichtlich um seine noch unverheirateten Untergebenen besorgt zeige.

»Unsinn«, erwiderte die Mutter, »das einzige, was zählt ist, daß Taro begünstigt wird. Wenn der Abteilungsleiter andere fördert, dann ist das für unseren Taro nur schlecht. Ich werde gleich morgen Frau Kobayashi besuchen und ihr eine Kiste Melonen bringen.«

Der Besuch bei Frau Kobayashi blieb ohne Resonanz. Taro trug an vielen Abenden nach Geschäftsschluß Kobayashis Aktentasche bis hin zur Bar und nach dem Barbesuch bis hin zur S-Bahnstation, wo Kobayashi den Zug nach Mitaka besteigen mußte, aber zu Hause konnte er nicht berichten, daß sein Chef ihn noch einmal wegen seines Unverheiratetseins angesprochen habe.

»Du mußt die Sprache selber darauf bringen«, schlug Jiro vor.

»Schweig«, fuhr ihn die Mutter an, »willst du das Leben deines älteren Bruders völlig verpfuschen? Er macht sich lächerlich, wenn er durchblicken läßt, daß er dringend heiraten will.«

Sie sah sorgenvoll auf Taro.

»Es wäre trotzdem schön«, sagte die Mutter hinterher zu ihrem Mann, »wenn dieser Kobayashi von sich aus einen Vorschlag machen würde.«

»Wenn wir noch länger warten, wird Taro dreißig«, sagte der Vater.

»Und ein anderer wird an seiner Stelle nach Düsseldorf geschickt«, sagte die Mutter.

»Wir müssen etwas tun«, sagte der Vater.

Die Eltern entschlossen sich, ihre Hoffnungen nicht mehr länger nur auf Taros Abteilungsleiter zu gründen. Sie suchten einen honorigen Ehevermittler auf, von dem sie wußten, daß er schon mehrere Ehen von Kakubeni-Angestellten gestiftet hatte, die alle inzwischen gut vorangekommen waren.

»Wie groß ist Ihr Sohn«, fragte der Ehevermittler. Er saß hinter seinem Schreibtisch und hatte ein Schubfach aufgezogen. Das Büro war vornehm eingerichtet mit einem persischen Teppich auf dem Boden und zwei lederbezogenen Sesseln, auf denen Taros Eltern Platz genommen hatten.

»Ein Meter achtundfünfzig«, sagte die Mutter.

»Schade«, sagte der Ehevermittler und beugte sich über sein aufgezogenes Schubfach, »sonst hätte ich hier eine sehr passende Kandidatin gehabt, aus gutem Haus, gesund, aber ein Meter sechzig groß.«

»Unser Taro hat genau Durchschnittsgröße«, warf der Vater ein, aber die Mutter stieß ihn leise an, um ihm anzudeuten, daß er keine unnötigen Bemerkungen zu machen brauche.

»Das ist sehr freundlich von Ihnen«, sagte sie zum Ehevermittler, »daß Sie eine Kandidatin aus einem guten Haus für unseren Taro vorschlagen wollen, aber sie sollte kleiner sein als ein Meter fünfundfünfzig.«

»Hier habe ich eine Dame, die passend für Sie wäre«, sagte der Ehevermittler nach einiger Zeit, die er damit verbracht hatte, in seiner Kartei zu blättern, »ein Meter vierundfünfzig groß.«

»Das ginge«, sagte der Vater.

»Aus was für einer Familie kommt sie?« wollte die Mutter wissen. Sie fragte mit höflich gesetzten Worten und schräggelegtem Kopf.

Der Ehevermittler überflog die Unterlagen, sagte, daß er nur das Beste über den Familienhintergrund mitteilen könne: »Der Vater ist vermögend, Besitzer eines gutgehenden Textilgeschäfts. Die Familie hat drei Kinder. Der älteste Sohn ist bei der Tomo-Bank. Die jüngste Tochter geht noch zur Schule, eine teure Schule, wie ich aus den Unterlagen entnehmen kann.«

»Die Tomo-Bank hat einen guten Namen«, sagte der Vater, »arbeitet sie nicht sogar mit Kakubeni zusammen?«

Die Mutter gab dem Vater einen Wink. »Das weiß ich doch«, flüsterte sie ihm zu.

»Es gibt keine Erbkrankheiten in der Familie und auch keine Invaliden«, fuhr der Ehevermittler fort.

»Das ist gut«, nickte die Mutter, »wir werden uns natürlich noch eingehend informieren.«

»Für diesen Fall kann ich ein sehr altes Detektivbüro empfehlen«, sagte der Ehevermittler und reichte eine Visitenkarte über den Schreibtisch, »ich arbeite schon seit Jahren mit diesem Büro zusammen und wurde noch nie enttäuscht.«

Die Mutter bestand darauf, daß der Ehevermittler noch zwei oder drei andere Kandidatinnen zur Auswahl anbot, aber schließlich kam man wieder zur ersten zurück.

»Wie heißt die Kandidatin eigentlich?« fragte der Vater.

»Michiko«, sagte der Ehevermittler.

Es stellte sich heraus, daß Michikos Großvater aus Yamaguchi stammte.

»Meine Familie väterlicherseits stammt auch aus der Yamaguchi-Präfektur«, sagte die Mutter, »vielleicht finden sich sogar gemeinsame Bekannte.«

»Wir sollten uns diese Michiko ansehen«, sagte der Vater.

Als Taro nach dem Abendessen zum erstenmal Michikos Foto sah, sagte er: »Hm.«

»Gefällt sie dir?« fragte die Mutter.

»Hm.«

»Sie ist zweiundzwanzig.«

»Hm.«

»Wollen wir sie einmal treffen?«

»Hm.«

Die Eltern gingen noch einmal genauestens Michikos handgeschriebenen Lebenslauf durch, warteten, bis der Bericht des Detektivbüros vorlag, in dem bestätigt wurde, daß es wirklich keinen Invaliden, keinen Trinker und keinen Kriminellen in jener Familie gab, daß auch die Nachforschungen in der Yamaguchi-Präfektur bis in die dritte Generation zurück keinen Verdacht auf vorliegende Erbkrankheiten ergeben hatten, daß die Vermögenslage des Vaters so gut war, wie es in den Papieren stand, daß der ältere Bruder bei der Tomo-Bank als strebsam, fleißig und gewissenhaft geschätzt wurde und seinerseits mit einer Frau aus guter Familie verheiratet war, über die ebenfalls nur die besten Referenzen vorlagen.

Die Mutter betrachtete Michikos Foto.

»So eine Frau paßt zu unserem Taro«, sagte sie.

Über den Ehevermittler ließ man Michikos Familie wissen, daß in der Person von Taro – aussichtsreicher

Angestellter bei Kakubeni – ein Heiratskandidat für Michiko zur Verfügung stand.

Das erste Treffen fand im Takuwan-Hotel statt. Der Ehevermittler hatte mit der Einwilligung beider Parteien dort den Kaba-Saal gemietet, der wegen seiner geschmackvollen Ausstattung und seiner günstigen Lage im achten Stockwerk des Takuwan-Hotels mit Blick auf die Stadt gern für Eheanbahnungstreffen genommen wird. Wenn die Luft klar war, konnte man von dort aus sogar den Fuji sehen.

»Schönes Wetter heute«, sagte der Ehevermittler, nachdem alle Platz genommen hatten. Er hatte zu diesem Treffen seine Frau mitgebracht. Sie trug einen dunkelblauen seidenen Kimono, der lediglich am unteren Saum ein eingewebtes Muster besaß, kleine weiße Blüten, aber jedesmal, wenn sie die Hand bewegte, konnte man im Ärmelausschnitt einen Streifen ihres kostbaren Futterstoffs sehen, dezent gelbbraun.

Michikos Mutter war in einem hellblauen Kimono erschienen und hatte ihre aus Goldfadenseide gewirkte Handtasche kurze Zeit vor sich auf den Tisch gestellt, sie dann mit niedergeschlagenen Augen an sich genommen und an die Lehne ihres Sessels gehängt.

Michiko hob kein einziges Mal die Augen. Sie trug einen sehr farbenprächtigen Kimono, und ihr Gesicht war stark gepudert. Ihre Lippen waren kirschrot, aber sie preßte sie so kräftig zusammen, daß ihr Mund fast rund erschien. Nur manchmal, wenn sie schlucken mußte, nahmen ihre Lippen für eine Sekunde eine natürlichere Form an. Danach kniff sie sie wieder vornehm zusammen.

»Es ist selten, daß man den Fuji in der Ferne sehen kann«, bemerkte der Ehevermittler.

Alle nickten zustimmend.

»Ein sehr guter Kaffee«, sagte anerkennend Taros Vater.

Michikos Vater sagte auch: »Ein wirklich guter Kaffee.«

»Das Zimmer ist sehr ansprechend eingerichtet«, bemerkte Taros Mutter und hob kurz den Kopf.

»Nicht wahr«, erwiderte Michikos Mutter, »und so ruhig.«

»Eine schöne Gelegenheit, sich mitten in der Stadt zu treffen«, ließ sich die Frau des Ehevermittlers vernehmen.

Alle nickten.

Nach etwa einer Stunde wurden auch persönlichere Punkte berührt. Andeutungsweise ließen Michikos Eltern durchblicken, daß Michiko gern koche.

Taros Eltern ließen einfließen, daß Taro sehr fleißig sei und bisher nichts für Frauen übrig gehabt habe.

Michiko saß dabei und blickte vor sich hin. Taro starrte auf seine halbleere Kaffeetasse. Michiko hatte noch keinen Schluck von ihrem Kaffee getrunken und auch den Kuchen, der gereicht worden war, unberührt gelassen.

»Wie reizend Fräulein Michiko aussieht«, sagte die Frau des Ehevermittlers. Da erhoben Michikos Eltern Einspruch: »Unsere Tochter ist eigentlich sehr häuslich, und wir verstehen gar nicht, wieso sie in der Schule und auf der Universität immer so gut abgeschnitten hat.«

Da mußten sich Taros Elter beeilen, auch schnell etwas über Taro zu sagen, das bescheiden klang, seine Vorzüge aber hell zum Leuchten brachte.

»Unser dummer Sohn«, sagte die Mutter, »hat nur als Drittbester seines Jahrgangs die Universität beendet.«

»Wirklich«, fügte der Vater hinzu, »jetzt will Kakubeni ihn sogar ins Ausland schicken.«

Die Mutter warf dem Vater einen anerkennenden Blick zu, weil er sonst selten so treffsicher formulieren konnte.

»Fräulein Michiko kann«, sagte die Frau des Ehevermittlers, »sehr gut Englisch sprechen.«

»Das ist eine freundliche Übertreibung«, entgegnete Michikos Mutter, »unsere dumme Tochter hat erst fünf- oder sechsmal Gelegenheit gehabt, amerikanische Gäste auf einer Rundreise durch Japan zu begleiten.«

»Sogar ein Konsul war darunter«, vermerkte Michikos Vater zögernd, »ich war besorgt, ob unsere dumme Tochter solch hohen Anforderungen gewachsen sei.«

»Aber was hätte sie anders tun können?« sagte Michikos Mutter mit verschwindend leiser Stimme. »Ihr Professor hatte sie vorgeschlagen, weil ihr Englisch so hervorragend sei.«

Jede Partei bemühte sich, auf die bescheidenste Weise zu protzen.

Nach der Rückkehr nach Hause fragte die Mutter Taro besorgt.

»Findest du sie gut?«

»Hm.«

»Willst du sie wiedersehen?«

»Hm.«

»Sie paßt also zu dir?«

»Hm.«

Über den Ehevermittler wurde vereinbart, daß sich Taro und Michiko in einer Woche wieder treffen sollten.

Allein.

»Lade sie zum Essen ein«, sagte der Vater.

»Hm.«

»Danach kannst du mit ihr ins Kino gehen.«

»Hm.«

Die Mutter brachte das Kinowochenprogramm.

»Aber nächste Woche laufen längst andere Filme«, sagte Jiro feixend.

»Hm«, machte Taro.

»Später«, sagte die Mutter, »wenn du schon ein bißchen weißt, ob du sie nehmen willst, kannst du sie ja zu einem ausländischen Symphoniekonzert einladen.«

»Warum nicht schon jetzt?« fragte Jiro. »Im Hibiya spielen die Berliner Philharmoniker.«

»Das ist noch zu früh«, sagte die Mutter in zurechtweisendem Ton, »du weißt doch, wie teuer solche Konzertkarten sind. Wir sollten noch nicht zu viel investieren.«

»Hm«, sagte Taro.

Schwierige Bescheidenheit

Wenn sich zwei Japaner, die sich noch nicht kennen, gegenüberstehen, dann machen sie es wie die Hunde: sie beschnuppern sich. Sie schnuppern zwar nicht mit den Nasen und auch nicht dort, wo die Hunde es tun, aber jeder ist darauf angewiesen herauszufinden, wie der andere riecht. Haftet nämlich dem einen ein Geruch an, der ihn rangmäßig deutlich höher plaziert, muß der andere sich schnell um ein paar Grade tiefer verbeugen und zu allen Worten, die er sagt, entsprechende Demutsfloskeln hinzustottern. Um nicht ganz und gar zu versinken und seinem Selbstvertrauen vielleicht dauernden Schaden zuzufügen, darf er auf Abhilfe sinnen. Es ist taktisch klug, wenn er sagt, daß er persönlich zwar nur ganz unbedeutend sei, aber doch die Protektion gewisser Leute genieße. Wichtig ist, daß diese Leute, auf die er sich ohne Namensnennung bezieht, ihrerseits rangmäßig höher stehen als sein Gegenüber.

Sein Gegenüber – als Japaner trainiert im schnellen Erfassen von Gerüchen – versteht diesen Wink und sagt nun seinerseits, daß er persönlich doch auch nur ein unbedeutender Mensch sei. Um sich aber nicht zu sehr zu schaden, setzt er mit einem Seufzer hinzu, daß er ganz unschuldig sei an dem Rang, den er bekleide. Dieser Rang sei ihm aufgedrängt worden – gegen seinen Willen.

»Was konnte ich dagegen tun?« läßt er, wie eine Frage an sich selbst, einfließen. »Ich wurde so sehr von oben gedrängt.«

Mit diesem Satz gibt er sich erneut – bei aller zur Schau getragenen Bescheidenheit – als der Höherstehende zu erkennen, denn mit dem Hinweis, daß er seinerseits von oben protegiert wird, neutralisiert er den anderen. Er kann mit Genugtuung zusehen, wie der andere sich wieder um ein paar Grade tiefer beugt und daß von seinen Lefzen Demut trieft.

Dieses Schnuppertheater hat viele Akte und wird in Japan auf allen Bühnen gespielt. Von der Idee her ist es komödiantisch, wird aber überall mit Ernst betrieben. Daß es tragische Dimensionen erreicht, ist selten. Man kennt die Spielregeln und das Vokabular.

Man gibt sich bescheiden und läßt gleichzeitig erkennen, wie bedeutend man ist.

Man streicht die eigene Bedeutung nicht dick heraus, sondern spiegelt sie nur.

Man sagt nie: »Das habe ich erstrebt, und das habe ich erreicht.«

Man gibt sich bestürzt über den eigenen Erfolg und jammert: »Diese verantwortliche Position ist mir aufgedrängt worden ...«

Man läßt nie erkennen, wie brennend ehrgeizig man ist, wie verbissen man um einen Erfolg gekämpft hat. Man zeigt ein weiches Fell und entblößt nie die Zähne.

Man beugt den Nacken, damit niemand an der Harmlosigkeit zweifelt. Man schließt die Augen und blickt ziellos umher, um die eigene Ungefährlichkeit zu demonstrieren.

Niemand in Japan läßt sich davon täuschen – die Einfältigen ausgenommen, die es überall gibt.

Japanische Zuschauer wissen in der Regel, daß bei halbgeschlossenen Augen und ziellosen Blicken eine höllisch wache Aufmerksamkeit im Hinterhalt lauert. Sie wissen, daß in jedem tief gebeugten Nacken eine Stahlfeder aus Verletzlichkeit und Eitelkeit vibriert.

Es ist nur natürlich, daß man sich fassungslos gibt, wenn man von all den Ehren und Aufgaben spricht, mit denen man von oben überhäuft wurde. Dazu hat man eine leidende Miene aufzusetzen, um Glaubwürdigkeit zu erzielen.

Vor allem ist es immer eindrucksvoll, wenn man sich auf amtliche Stellen beruft. Von amtlichen Stellen gefördert zu sein, empfinden die Japaner als eine Art Weihe. Für manche ist es schon eine große Sache, wenn sie sich auf ihren Dorfschulzen berufen können. Andere sagen, ihr Oberbürgermeister habe sie geschickt. Ganz hoch im Kurs stehen Minister und deren Ministerien. Die sind glücklicherweise so umfangreich, daß man sich in der Regel ohne allzu großes Risiko auf sie berufen kann. Notfalls sagt man: »Mich hat die japanische Regierung beauftragt.«

Deutsche Universitäten sind bei den Japanern auch deshalb so beliebt, weil sie alle staatlich sind. Wenn also einer als kleiner Student hierherkommen darf und sogar eine Ausbildungsförderung bekommt, dann kann er zu Hause in Japan mit bescheidenem Gesicht verkünden: »Die deutsche Regierung hat mich geholt.«

Nach Seufzern und Klagen setzt er hinzu: »Ich

wollte ja nicht, aber was soll ich als kleiner Mann tun ... Auch mein Professor hier in Japan hat mich gedrängt.«

Ermutigt man ihn dann durch entsprechende Bewunderungsäußerungen, sagt er vielleicht mit vor Bescheidenheit erstickter Stimme: »Ich verstehe das nicht ... ich schäme mich geradezu ... aber die deutsche Regierung meint ... mein kleiner bescheidener Beitrag ... die großen Hoffnungen, die man in mich setzt ... aber wirklich ... ohne mich kommt die deutsche Universität nicht mehr zurecht.«

Alles, was ausländisch ist, ist für Japaner schlecht berechenbar. Man kennt sich da mit den Feinheiten nicht aus. Man hat nicht die rechte Einstellung zu diesen Dingen. Man unterscheidet nicht Grau von Weiß und Grau von Schwarz. Deshalb ziehen es die meisten Japaner vor, in solchen Fällen die anerkennenden Worte noch freizügiger als sonst fließen zu lassen.

Keiner kommt auf den Gedanken zu fragen: »Wieso?«

Es widerspricht jeglicher japanischer Vernunft, den Gegenpart festzunageln: »Halt ... können Sie das beweisen?«

Alle sagen sich im stillen: »Was nutzt es, wenn ich mir Feinde mache.«

Das japanische Taktgefühl ist eine so vielfach gekräuselte Wolle, daß man sich leicht darin verfängt und hängenbleibt. Aus der Verletzung des Taktgefühls entstehen lebenslange Feindschaften. Davor hat jeder Angst.

Es ist eine sehr japanische Eigenart, nie jemanden bloßzustellen. Undenkbar ist es, daß einer den anderen einen Aufschneider oder Lügner nennt. Jeder lächelt, lobt, denkt sich sein Teil und geht in aller Stille daran, den anderen zu übertrumpfen. Er bedient sich der gleichen Methode wie der andere, verfeinert sie aber, wo Verfeinerungen möglich sind, glättet unebene Stellen, poliert am Detail, macht eine noch glaubwürdigere Miene, wenn er sich bescheiden gibt, sagt auf eine noch geschicktere Art, daß er wirklich nicht verstehe, wieso gerade er solchen Erfolg im Leben haben mußte.

So spielt sich in Japan der Konkurrenzkampf zwischen den Elitejapanern ab. Jeder versucht, sich unter einen möglichst großen Schirm zu stellen, liebedienert sich durch seinen Fleiß, seinen Ehrgeiz und seine Anpassungsgabe nach oben. Von jeder Leitersprosse aus, die er erklimmt, zeigt er sein fassungsloses Gesicht und verbreitet das Gerücht, daß er nur gegen seinen Willen die Leiter hochklettere. Er erntet dafür – in Japan – die Achtung, die ihm gebührt, denn jeder weiß – in Japan –, was für ein fleißiger, zielstrebiger, intelligenter und ehrgeiziger Mensch das sein muß.

Vielen Japanern in Deutschland fehlt diese Anerkennung. Das macht sie manchmal sehr traurig. Sie geben sich – auf ihre japanische Art – alle erdenkliche Mühe, bedeutend zu erscheinen, aber die Deutschen verstehen das nicht richtig. Sie glauben, daß Bescheidenheit wirklich Bescheidenheit sei. Das bringt Japaner völlig aus dem Konzept.

Zu Hause – in Japan – hat niemand sie so gründlich falsch verstanden.

Verzweifelt betonen sie deshalb den Deutschen gegenüber immer wieder, wie unwürdig sie seien, wie unfähig, wie dumm. Sie sagen, sie wüßten wahrhaftig nicht, wieso man gerade sie auserwählt habe, nach Deutschland zu kommen, aber die da oben ... die Regierung sogar ...

Hier bricht ihre Stimme ab, weil sie flehend darauf warten, daß die Deutschen endlich begreifen, mit was für furchteinflößend bedeutenden Menschen sie es zu tun haben.

Statt dessen tätscheln die Deutschen ihnen die Schulter, reden liebevoll, aber ein wenig von oben herab auf sie ein und bleiben schließlich doch überzeugt, daß die Japaner bescheidene Menschen sind.

Ich rübe dich

Die geschliffenen Glastränen der Kristallüster glitzerten. Die Fahne der Bundesrepublik Deutschland, vorn neben der japanischen Fahne, hing ein wenig schief. Offensichtlich hatte der Beauftragte des Nippon Buildings, der jeden Monat einmal den Raum Nr. 429 für die Japanisch-Deutsche Gesellschaft e. V. herrichtete, es diesmal an der erforderlichen Sorgfalt fehlen lassen. Die Anwesenden schienen es allerdings kaum zu merken. Sie lauschten den Ausführungen des Vortragenden über den Übermenschen bei Nietzsche, über Wirklichkeit und Mißverständnisse.

Etwa ein Drittel der Anwesenden waren Deutsche, der Rest überwiegend ältere japanische Herren. Die Deutschen dösten mit Unterbrechungen vor sich hin. Die Japaner kraulten sich am Kinn.

Der Vortragende, ein angesehener Professor der Universität Tokyo, hatte es sich nicht nehmen lassen, seine Ausführungen auf deutsch vorzutragen. Da es aber unter den im Raum Nr. 429 anwesenden Japanern einige gab, die der deutschen Sprache nicht mächtig waren, stand ein Dolmetscher bereit, der die Ausführungen des Professors übersetzte.

Der Dolmetscher war ein junger Mann, dem Vernehmen nach ein Nachwuchswissenschaftler, der sich mit der Philosophie Schopenhauers beschäftigte. Er stand mit runden Schultern und gesenktem Kopf neben dem Professor, der über Nietzsche dozierte. Jedesmal, wenn der Professor eine Pause machte, setzte die Stimme des Dolmetschers ein. Es war eine gewaltige Stimme, die die dösenden Deutschen zwang, für kurze Zeit die Köpfe zu heben. Da sie aber ausnahmslos der japanischen Sprache nicht mächtig waren, verfielen sie gleich danach – und solange der Dolmetscher sprach – wieder in ihren gesunden Halbschlaf.

Das Abendessen war gut gewesen. Wie immer hatte es ein deutsches Gericht gegeben, pikant hergerichtet von japanischen Köchen. Der Geruch von Hühnerklein hing noch in der Luft, aber je weiter der Professor mit seinem Vortrag über Nietzsche vorankam, um so mehr saugte die Klimaanlage den Hühnergeruch weg.

Auf den Tischen standen nur noch Wassergläser. Einige Deutsche tranken Bier. Man saß an runden Tischen, weil sich dadurch am leichtesten die Frage der Tischordnung umgehen ließ. Die Stühle waren gepolstert, besaßen aber keine Armstützen. Das zwang alle Anwesenden, auch die dösenden, zur Selbstdisziplin. Die Japaner, die sich nicht am Kinn kraulten, hatten die Lippen vorgestülpt zum Zeichen, daß sie aufmerksam zuhörten.

Der Raum war groß und hoch. Mit seiner kahlen Größe unterstrich er die Vornehmheit der Atmosphäre. Er erinnerte daran, daß da vorn hinter dem Mikrophon schon allerhöchste Persönlichkeiten gestanden und ihre Worte an den Kreis der Mitglieder der Japanisch-Deutschen Gesellschaft gerichtet hatten. Einmal war es der deutsche Botschafter gewesen, einmal sogar der Präsident des deutschen Bundestages. Diesen beiden hochgestellten Gästen hatte ein besonders sorgfältig ausgewählter Dolmetscher zur Seite gestanden, der klar und flüssig sprach, ohne allzu stark akzentuierte eigene Betonung. Zudem gab es Rheinwein und Moselwein, je nach Wahl, in geschliffenen Gläsern. Damals hatte die deutsche Fahne glücklicherweise auch nicht schief an der Wand gehangen.

Der Professor hinter dem Mikrophon betonte, daß das, was er vorgetragen hatte, nur seine unmaßgebliche eigene Meinung sei und daß es größere und klügere Interpreten des philosophischen Werkes von

Nietzsche gegeben habe als ihn. Er nannte den Namen seines deutschen Professors in Heidelberg, dessen Vorlesungen er vor vielen Jahren zwei Semester lang gehört habe, der aber leider inzwischen verstorben sei.

Da schraken alle, die gedöst hatten, auf. Die Japaner nahmen die Hand vom Kinn und klatschten. Der Professor bedankte sich für den Applaus mit einer tiefen, lang anhaltenden Verbeugung. Sein Dolmetscher schloß sich an und verbeugte sich ebenfalls tief.

Der Vorsitzende der Japanisch-Deutschen Gesellschaft erhob sich von seinem Platz, dankte im Namen aller für die hochinteressanten Ausführungen und steuerte seinerseits einige persönliche Gedanken zum Problem des Übermenschen bei Nietzsche bei. Er sagte, der Vortrag habe ihm und allen anderen ein tieferes Verständnis des Begriffes Übermensch eröffnet und gleichzeitig klargemacht, wie leicht man zu einer Fehlinterpretation des eigentlichen Gedankens bei Nietzsche kommen könne.

Der Dolmetscher wußte nicht, ob er auch die Rede des Vorsitzenden der Japanisch-Deutschen Gesellschaft übersetzen sollte. Die zuerst zögernd, dann mit Bestimmtheit einsetzende zweite Applauswelle befreite ihn von dieser Pflicht. Der Vorsitzende bedankte sich ebenfalls mit einer Verbeugung, machte aber mit einer ausholenden Handbewegung deutlich, daß der ganze Applaus eigentlich nur dem Vortragenden zu gelten habe.

Das Licht der hoch an der Decke hängenden Kristallüster beleuchtete die Szene wie in einem Varieté.

»Als nächstes«, sagte der Vorsitzende der Japanisch-Deutschen Gesellschaft und gab seiner Stimme einen neuen, warmen Klang, »hören wir eine ganz andere Art von Vortrag.« Er lachte etwas verlegen über seinen eigenen Witz.

»Wir hören den Bariton Saburo Takahashi, der Liebeslieder von Schubert für uns singt.«

Weil im aufbrausenden Klatschen seine Stimme erstickte, wiederholte er noch einmal ganz laut: »Begleitet am Klavier von Fräulein Sachiko Murayama.«

Der Bariton war schon breitbeinig bis zur Rampe vorgegangen. Er trug einen Frack, dessen Rockschöße fast den Boden berührten. Die Pianistin trippelte schnell hinter ihm her. Sie trug ein weißes Tüllkleid und versteckte schamvoll ihr Gesicht hinter der vorgehaltenen Hand. Alle anwesenden Deutschen waren voll aufgewacht und sahen Fräulein Murayama mit Rührung an.

Der Bariton stellte sich neben das Klavier und blickte zu den Kristallüstern hoch. Die Pianistin klappte mit schlanken Händen den Deckel des Klaviers auf.

Üblicherweise werden nach dem Essen und dem Vortrag in der Japanisch-Deutschen Gesellschaft kurze Dokumentarfilme über Deutschland gezeigt. Da sieht man die Künstlerkolonie von Worpswede, Kampfflugzeuge und Panzer der Bundeswehr, das Reitturnier in Aachen, das Spielzeugmuseum in Nürnberg, Friseurwettbewerb in Düsseldorf, Stahlproduktion in Essen, die Carl Maria v. Weber-Musikfestspiele in Eutin und Ausschnitte aus den Fußballspielen der Bundesliga. Daß es einen Schubertliederabend gab, war neu.

Das Klavierspiel setzte ein, der Bariton holte tief Luft und ließ dann seine Stimme verströmen.

Sein l klang sehr nach rr, sein ie wurde zu ü.

»Ich rübe dich«, sang er mit äußerster Hingabe.

Im Programmheft stand sein Lebenslauf: Daß er vier Jahre lang in Detmold studiert habe, daß er nach seinem Konzertexamen in mehreren öffentlichen Konzerten mit Schubertliedern hervorgetreten sei und seit seiner Rückkehr nach Japan als einer der wichtigsten Schubertinterpreten der jüngeren Generation gefeiert werde.

»Ich rübe dich«, sang er zart.

Kulturmenschen

Was Kultur ist, was sie will, was sie soll und was sie kann, läßt sich im Japanischen anhand des kalligraphischen Schriftzeichens ›bun-ka‹ anschaulich erklären. Im Zeichen für ›ka‹ werden zwei menschliche Figuren skizziert. Die eine Figur steht auf den Füßen, die andere steht kopf. Dies soll zeigen, daß sich ein Wandel vollzieht, ein Wandel vollziehen kann. Das Wort ›ka‹ bedeutet dementsprechend Veränderung – Umsturz. Der Wortteil ›bun‹ läßt sich am ehesten mit Gewaltlosigkeit wiedergeben. Deshalb heißt ›bun-ka‹ soviel wie sanfte Veränderung – Wandel ohne Gewalt.

Das also ist im Japanischen die etymologische Wurzel des Wortes Kultur. Kulturträger im japanischen Sinne können alle Menschen sein, die zum friedlichen Wandel beitragen, die auf irgendeine Weise das Leben reicher, schöner und auch interessanter machen. Ein Töpfermeister, der nach alten Rezepten Keramik brennt, ein Architekt, der erdbebensichere Hochhäuser baut, ein Modeschöpfer, der ansprechende Kleider entwirft, ein Chemiker, der eine gute neue Arznei findet, ein Schauspieler, dem das Publikum zujubelt, ein Meister der Tee-Zeremonie, dem es nicht an Berühmtheit und auch nicht an gutem Einkommen mangelt, ein Finanzfachmann, der die Regierung berät, ein Diplomat, der Japan im Ausland vertritt, und selbstverständlich jeder Politiker, der etwas für den Weltfrieden tut, ohne das Wohl Japans zu vergessen – sie alle sind im weitesten Sinne »Kulturmenschen«.

Man liebt sie, man lobt sie, man überhäuft sie mit Ehren. Man verehrt sie, bewundert sie – ohne kleinlich zu sein – samt ihren Ehefrauen und Kindern.

Alle derartigen Kulturträger, große wie kleine, verbindet eine entscheidende Eigenschaft: sie gehen mit der allgemeinen Meinung konform. Sie tun etwas, sie schaffen etwas, sie sagen etwas, das alle, die sich als echte Japaner fühlen, akzeptieren können. Das macht diese Kulturmenschen national.

Wer nicht-konforme Ideen hat, diese ausspricht oder Gedanken anders artikuliert, wer etwas Neues, dessen Nützlichkeit nicht gleich ins Auge springt, denkt oder tut, wer gegen den Strom schwimmt oder die Umgebung zu kritisch beleuchtet, wer etwas sagt, das geeignet ist, bei vielen Unmut oder Unruhe zu erzeugen, der ist suspekt. Man betrachtet ihn mit Mißbehagen.

Dieses Mißbehagen schwindet schnell, wenn solch ein Mensch Anerkennung im Ausland gefunden hat. Natürlich genügt dafür nicht jedes Ausland. Es muß schon Amerika oder Europa sein.

So geschieht es dann, daß ein kritischer Regisseur – dessen Filme man in Japan jahrelang totgeschwiegen hatte, weil sie nicht in die geistige Landschaft paßten – übers Wochenende zum Helden der japanischen Kultur wird, nachdem er in Cannes oder Berlin mit irgendeiner Palme oder irgendeinem Bären ausgezeichnet wurde. Ein Maler, der sich von allen etablierten japanischen Malschulen losgesagt und seinen eigenen Stil gesucht hatte, kann plötzlich seine Bilder in Japan zum hundertfachen Preis verkaufen, nachdem er auf der Bienale in Venedig Erfolg hatte.

Ein Physiker, der vor einem halben Menschenalter nach Amerika auswanderte und dem dort eine des Nobelpreises würdig befundene Arbeit gelang, wird rasch im Triumph nach Japan zurückgeführt und nun als der große Sohn der Nation gefeiert. Plötzlich sind alle seine Kindergartenfreunde wieder da und scharen sich um ihn. Seine Schulkameraden erzählen überall, daß sie mit einem Nobelpreisträger zusammen aus demselben Schulfenster, denselben Schnee und dieselbe Sonne gesehen haben. Die Verwandtschaft wächst ins Unermeßliche. Die Bürger der Stadt, in der er geboren wurde, fühlen sich als bessere

Japaner, und überall dort, wo er als Kind hingespuckt hat, werden ihm zu Ehren Bäume gepflanzt.

Kultur ist also etwas sehr Weitreichendes. Einerseits schreckt sie davor zurück, aus eigener Kraft eine Umwälzung zu vollziehen, andererseits ist sie ungeheuer lebendig. Sie durchdringt alle Lebensbereiche, macht vor nichts halt, vereint das bewährte Alte mit dem bewährten Neuen. Dieser japanischen Beharrlichkeit ist es zu verdanken, daß überall im Lande noch die alten Künste blühen. Es gibt Bühnengruppen, die die überlieferten Tänze noch genau nach dem zwölfhundert Jahre alten Ritual tanzen. Es gibt die alten Puppenspieler, die alten Schwertschmiede, die alten Glockengießer, die alten Binsenflechter, die alten Papierschöpfer, die alten Kordeldreher – und alle finden ihr Auskommen. Genügend Kunden bezahlen genügend hohe Preise, damit das Alte nicht verschwindet.

Für besonders bedrohte Bereiche gibt es den Titel ›Lebendiges Kulturgut‹. Man macht Menschen zum lebendigen Kulturgut, wenn sie in ihrer Person ein überliefertes, aber von Verfall und Untergang bedrohtes japanisches Kunsthandwerk verkörpern. Zum Beispiel sind für die Pflege der zahllosen alten Bauten und Kunstschätze Menschen notwendig, die noch die geschwungenen Dachfirstbalken biegen können, die sich nach den alten Methoden aufs Holzschnitzen verstehen oder auf das Verlegen von Schindeldächern aus Kiefernborkenschindeln, die wissen, wie man Blattgold auf die Innenwände, Schiebetüren und Faltschirme auflegt, wie man Goldfadenseiden von Hand webt, wie man Seide bemalt, wie man Lackarbeiten anfertigt und ähnliches mehr.

Droht eine solche Fertigkeit in Vergessenheit zu geraten, dann entscheidet eine Kommission, daß der letzte große Repräsentant und Könner dieser Art zum lebendigen Schatz erklärt wird. Er erhält dann jährlich einen Geldbetrag, damit er möglichst lange lebt und noch Nachfolger ausbilden kann. Gleichzeitig wird durch die ehrenvolle und amtlich abgesegnete Hervorhebung einer Person die ganze kunsthandwerkliche Richtung, die er vertritt, im Bewußtsein der Öffentlichkeit aufgewertet. Das erklärt, warum es in Japan noch so viel Altes gibt, warum das Alte nicht zur Ruine wird oder zur bloßen Touristenattraktion.

Neben dem Alten gibt es in Japan eine nahezu grenzenlose Begeisterung für das Neue. Man berauscht sich geradezu an Automatik und Elektronik, betrachtet sie als erfreuliche Bestandteile des heutigen Lebens und weiß, daß sie – wie der technische Fortschritt überhaupt – den Grundstock für den Wohlstand bilden. Man freut sich über den Fortschritt, der Japan ein beispielhaft gut funktionierendes Telefonnetz und ein vorzüglich organisiertes Schienentransportsystem mit den schnellsten Zügen und den längsten Untermeerestunneln der Welt beschert hat. Man klagt vielleicht über die vielen Autos, aber man kauft noch eins und noch eins.

Man bedauert die Umweltverschmutzung und alle Chemiekatastrophen, neigt aber zu der Ansicht, daß diese Probleme nur mit noch mehr Technik und mit noch besserer Wissenschaft zu beheben sind.

Unter Kultur wird also alles verstanden, was ›bunka‹ ist – die sanfte Gewalt des Fortschritts genauso wie die lebendige Kraft des Alten. Da gibt es kaum eine Frontenbildung zwischen den Traditionalisten und den Modernisten. Die meisten Japaner vereinen beides in einer Person.

Einige allerdings suchen die Frontenbildung. Sie rühren sich mächtig und spüren, daß der Wind ihnen die Segel bläht. Die Methode ist einfach. Man schiebe die Schuld an allen Schwierigkeiten, die das Leben mit sich bringt, auf den technischen Fortschritt. Man sage, daß das nicht immer so gewesen sei, daß nur unsere Welt vom Streben nach materiellen Dingen überschwemmt sei, daß eine hemmungslose Habgier – die es in früheren Zeiten nie gegeben haben soll – unser Gewissen lähme, daß das geistige Leben veröde, daß alles Übel von der Moderne stamme, daß der Mensch in Einsamkeit versinken werde, in Unzufriedenheit und seelischem Chaos.

Diese Ansichten sind auch in Japan anzutreffen und werden meistens von Leuten proklamiert, die Schwierigkeiten mit sich selbst haben. Sie preisen einen Weg zur Lösung an, dem sie auch einen griffigen Namen geben – Zen. Sie sagen, man brauche nur richtig zu meditieren und werde dadurch einen Ausweg finden – Zen. Nicht nur das Individuum werde von allen Schwierigkeiten erlöst, auch die Welt werde aus ihrer Krise herausfinden – Zen. Der Kosmos, also das Nichts, werde mit dem Ich verschmelzen – Zen.

Man nehme einen leeren Raum, setze sich mit leerem Magen hinein und denke über den Unsinn des Fortschritts nach – das befreit. Man nehme ein leeres Blatt Papier, einen dicken Pinsel und male einen dicken Kreis – das erhebt. Man nehme eine Kelle voll heißen Wassers und gieße es auf eine Prise Tee – das erleuchtet. Man nehme eine Blume und stecke sie in eine unscheinbare Vase neben einen trockenen Ast – das gibt ein reines Symbol.

Viel von dem Wind, der den japanischen Adepten dieser Denkart die Segel bläht, kommt aus dem Westen. In Japan selbst bekommen sie ihr Schiffchen nicht so recht flott, dafür lohnt sich die Reise nach dem Westen immer.

Wenn man hier in Deutschland mit allem Anschein der Ernsthaftigkeit von etwas zu reden beginnt, dem man den Namen Zen anhängt, wird manches Auge feucht. Manches wird glasig. Man braucht nur dem gegenständlichen Denken das kosmische Sein gegenüberzustellen, zu sagen, daß die moderne Welt unsere Seele spaltet und daß sie durch Meditation wieder zusammengeklebt werden kann, dann glauben viele, das sei wirklich fernöstliche Lebensphilosophie.

Es ist nur ein kleiner Schritt vom Nichtverstehen zum Bewundern. Dann sieht man Leute fassungslos und ergriffen vor runden und geraden Pinselstrichen stehen, deren einziges hervorragendes Merkmal ist, daß es sie zu Millionen, vielleicht sogar zu Milliarden gibt – weil sie in Japan zu den selbstverständlichen Schreibübungen mit dem Pinsel gehören, ein bißchen größer bloß, ein bißchen wuchtiger, als die meisten

Schulkinder sie machen, ein bißchen mit Symbolik behängt, mit einem roten Siegel betupft und mit einem klingenden Titel versehen. Damit kann man hierzulande Leute beeindrucken, die dem eigenen täglichen Leben entfliehen wollen.

Viele Europäer sind klug genug zu wissen, daß die guten alten Zeiten längst nicht so gut gewesen sind, wie gelegentlich behauptet wird. Sie wissen also, daß ihrer Sehnsucht der Weg dorthin versperrt ist. Deshalb schielen sie in die östliche Ferne. Sie stellen sich vor, daß dort das Leben noch etwas von jener Unverdorbenheit besitzt, die von anderen Leuten als das Kennzeichen des Lebens in der guten alten Zeit bezeichnet wird. Fernost als Ersatzziel und Zen als Ausweg.

Zen ist aber kein Ausweg.

Zen ist harte Disziplin. Zen duldet nicht Ausflüchte, auch nicht verbale Exkursionen in hochgestochene Phrasen. Gewachsen aus einer Meditationsschule des Buddhismus, legte Zen es von Anfang an darauf an, die nicht erkannten inneren Kräfte des Menschen ins Bewußtsein zu heben – mit dem erklärten Ziel, das eigene Leben zu meistern.

Nicht die Flucht aus Schwierigkeiten, sondern ihre Überwindung – das ist Zen.

Zen ist die Schule der Einsamkeit. Jeder ist einsam – damit muß man sich abfinden.

Der Zen-Weg führt über Formen der Selbstbesinnung, die von vielen falsch verstanden werden. Es geht darum, das Ich von unnötigen Gedanken zu befreien. Erst wenn diese Gedanken ausgemerzt sind, wird – so sagt Zen – der Wille ganz frei. Der Wille bleibt bejahend.

Nichts ist dem Zen fremder als Jammern und Klagen. Zen ist Selbstverantwortlichkeit gegenüber dem eigenen Ich. Aus befreitem Willen heraus sucht man zu der paradoxen Erkenntnis zu gelangen, daß es nichts im Leben gibt, was wirklich wichtig ist – außer dem Leben selbst.

Der Fall Johanna

»Könnten Sie morgen nach Clausthal fahren?« fragte mich die ZEIT am Telephon.

»Was soll ich denn in Clausthal?«

»Ins Theater gehen ...«

»Gibt es ein Theater in Clausthal?«

Ich fuhr hin. Clausthal ist eine Stadt aus Holzhäusern, die mich an Pennsylvania erinnern. Clausthal hat eine alte Bergakademie, die Wert darauf legt, mit »Technische Hochschule« angeredet zu werden und die mit über zwölfhundert männlichen und weniger als hundert weiblichen Studenten partiell unterbevölkert ist.

Clausthal, auf einem Kahlschlag hoch im Harz gelegen und tief verschneit, scheint zur Lösung technischer Probleme geradezu einzuladen.

Doch Clausthal hat kein Theater, Clausthal macht Theater, sogar dort, wo es eigentlich recht ungewöhnlich ist, Theater zu machen: im Hörsaal des schönen neuen Physikalischen Instituts. Das Experiment wurde unternommen von einigen Clausthaler Studenten und einigen Hildesheimer Theaterleuten und hieß: »Der Fall Johanna.«

Vom steilen Gestühl des Hörsaals sah ich herab auf eine große schwarze Bodenfläche, beiderseits begrenzt von den nach vorn zulaufenden, holzgetäfelten Seitenwänden. Dahinter eine raumhohe, kahle weiße Wand. Links vor einer großen Schalttafel hockten scheu zwei Techniker, mitten auf der »Bühne« saßen auf ein paar Stühlen hinter ein paar Tischen ein paar Schauspieler in Straßenkleidung, jeder mit einem Schnellhefter in der Hand. Daraus lasen sie vor.

Pathetisch erklang Schillers »Jungfrau von Orleans«. Was dann folgte, war ein Wirbel von ausgewählten Szenen, Dokumenten und Kommentaren zu Jeanne d'Arc aus der Zeit zwischen 1431 und heute.

Das Wort beherrschte den Abend, nicht die Gestik. Die Szenen wurden nur angespielt. Es war mehr ein Lesen als ein freies Sprechen. Stilbrüche, wie sie bei einer so heterogenen Zusammenstellung von Shaw, Claudel, Brecht oder Anouilh und von mittelalterlichen oder neuzeitlichen Kirchendokumenten unvermeidlich sind, wurden bewußt genutzt, um das Phänomen »Jeanne d'Arc«, erläutert am Beispiel der historischen Jeanne d'Arc, hervortreten zu lassen.

Als Japanerin darf ich ruhig gestehen, daß ich die »Jungfrau von Orleans« in der Schule nicht gelesen habe. Die dramatische Bearbeitung von Anouilh, durch die ich in San Francisco zum erstenmal mit diesem Stoff bekannt wurde, ist die denkbar ungeeignetste zur Einführung in das Problem. Japan hat ja nie in seiner Geschichte unter einer monolithischen religiösen Herrschaft gestanden. Deswegen hat mich auch später, als ich einmal die Regieassistenz bei der »Heiligen Johanna« von Bernard Shaw übernehmen mußte, nur das Schauspielerische interessiert; das Problem der Jeanne d'Arc hat mich innerlich gar nicht berührt. Ich sah darin nur Hysterie, die gegen Hysterie steht – und die ich für überwunden hielt.

Der Clausthaler Abend hat – wenigstens für mich – dieses Problem in ein neues Licht gerückt. Ich sah hinter der Textauswahl zum »Fall Johanna« die *allgemeine* Unwillkommenheit des Heiligen, des Überragenden, des Ungewöhnlichen und Ungewohnten in unserer Welt. Es braucht nur irgendwo – im großen oder im kleinen – eine jener über das normale Maß ihrer Umgebung hinausragenden, von einem besonderen Sendungsbewußtsein erfüllten und daher beunruhigend rätselhaften Persönlichkeiten aufzutauchen – und schon ist die Szene bereitet für das Drama der Jeanne d'Arc.

Den Einflußreichen, den Mächtigen ist eine solche Persönlichkeit oft willkommen, wenn sich die durch sie angekurbelte Bewegung zum eigenen Vorteil verwenden läßt.

Doch solche Persönlichkeiten haben eine unangenehme Eigenschaft: Sie sind rücksichtslos, durch und durch rücksichtslos. Sie nehmen keine Rücksicht auf die Belange der Einflußreichen, der Mächtigen; sie nehmen nicht einmal Rücksicht auf sich selber. Sie leben für ihre Idee. Ist diese Idee zündend, so können sie meteorengleich aufsteigen zu eigener Mächtigkeit. Dann treten sie, gewollt oder ungewollt, immer aber mit innerer Folgerichtigkeit, in Konkurrenz zur etablierten Macht. Hier beginnt dann das Drama selbst. Ein Ringen, das im Fall der Jeanne d'Arc schon entschieden war, bevor es begann, denn sie kannte nicht die Macht, die sich gegen sie – aus Angst – erhob.

Die Macht hat ihre Standard-Methoden. Damals war es die Kirche. Sie nannte Jeanne d'Arc eine Ketzerin, eine Hexe. Dann bot sie ihr an, für immer hinter Klostermauern zu verschwinden. Erst als Jeanne d'Arc damit nicht einverstanden war, griff die Macht zum stärkeren Mittel. Das war damals der Scheiterhaufen.

Überall und noch heute finden – im großen und im kleinen – Dramen statt, die Züge dieser Geschichte der Jeanne d'Arc tragen. Immer wieder kommt es vor, daß eine Person, von einem Gedanken getragen, einen großen und manchmal sogar rettenden Akt vollbringt, für den die Mächtigen ihr dankbar sind. Doch diese Person macht sich unbeliebt, sobald die Macht sich wieder auf sich selbst besinnt.

Interessant bei dem Fall Jeanne d'Arc ist die Steigerung der angewandten Mittel zu ihrer Ausschaltung. Der Scheiterhaufen, den die Kirche ihr bereitete, war ja nur der letzte Ausweg. Davor lag die Verbannung an einen sicheren Ort. In unserer fortschrittlichen Zeit versucht man es mit dem Rufmord. Meist braucht man sich dann schon nicht mehr weiter um den Fall zu kümmern.

Schwierigkeiten macht eine öffentliche Rehabilitierung, wenn eine solche im Laufe der Zeit leider erforderlich wird. Die letzten Worte des Abends in Clausthal waren dieser Kunst gewidmet. Zitiert wurde das Heiligsprechungsprotokoll der Jeanne d'Arc aus dem Jahre 1920:

»So erfüllt es uns mit Freude, daß Jeanne d'Arc heute der Liste der Heiligen beigeschrieben wurde, damit an ihrem Beispiel die Christgläubigen lernen mögen, wie heilsam der Gehorsam gegen Gottes Gebote ist ...«

Shintoisten, Buddhisten, Christen

Einem Europäer erscheint das Alphabet als bloße Aufzählung von Buchstaben in einer bestimmten Reihenfolge. Aus den Buchstaben lassen sich Silben bilden, aus den Silben Wörter – das ist das Charakteristikum der europäischen Sprachen.

Im Japanischen ist es anders. Dort sind Silben die kleinste Einheit der Sprache und der Schrift. Jede Silbe besteht entweder aus einem Vokal oder aus Konsonant plus Vokal. Es treten also im japanischen Alphabet (wenn ich dieses griechische Wort hier benutzen darf) nur Silbenzeichen auf. Es gibt davon insgesamt 47 Grundformen. Man kann, wie die Europäer es mit ihren Buchstaben im Alphabet tun, diese 47 Silbenzeichen nach einem konventionellen Schema ordnen, das keinen weiteren Sinn und Zweck hat, als eine vollständige Aufzählung zu sein.

Aber vor etwa tausend Jahren entstand in Japan ein eigentümliches Gedicht. Den genauen Zeitpunkt kennt man nicht. Auch der Name des Autors ist unbekannt. Alle Kinder in Japan lernen es, wenn sie lesen und schreiben lernen. Sie singen es im Chor und pinseln es auf Reispapier – seit tausend Jahren.

iro ha nihohe to
chirinuru wo
wakayo tare so
tsune naramu
uyi no okuyama
kehu koyete
asaki yumemishi
ehi mo sesu

Das Besondere an diesem Gedicht ist, daß es aus den 47 Silben des Alphabets besteht und daß keine Silbe darin zweimal vorkommt. Normalerweise haben Merkverse die Eigenart, recht einfältig zu sein. Dieses japanische Abc-Gedicht aber – so will ich es einmal nennen – lautet möglichst wort- und sinngetreu ins Deutsche übertragen:

Farbe ist ein Hauch
erblüht zerrinnt
was bleibt von dieser Welt
weiter führt mein Weg mich heute hin
durch das Dickicht eines kurzen Lebens
ich befreie mich
von schalen Träumen
Sättigung

Dieses Gedicht ist so sehr Bestandteil japanischen Denkens, daß es bisher kaum als Gedicht beachtet worden ist, zumindest nicht von den Leuten, die von Berufs wegen Gedichte beachten.

Ich mußte jahrelang weit von Japan entfernt sein, einen großen Abstand gewinnen, bis ich diese mnemotechnischen Verse als eine bedeutende Schöpfung der japanischen Poesie erkennen konnte. In ihnen liegt die Essenz japanisch-buddhistischer Lebenseinstellung; sie sind ein religiös-philosophisches Manifest – und doch gleichzeitig ein Merkvers, einprägsam wie ein Volkslied.

Die Aussage dieses Gedichts übersteigt die Auffassungskraft von Kindern. Aber das ist nicht wichtig. Wichtig ist allein seine Einprägsamkeit und Nützlichkeit.

Vieles spricht dafür, daß die buddhistischen Mönche – in ihren Reihen ist wohl der Autor zu suchen – dieses Gedicht früher bewußt zur Verbreitung des buddhistischen Glaubens benutzt haben. Sein Inhalt sollte von den Kindern unbewußt ins Gedächtnis aufgenommen werden und sie ihr Leben lang begleiten.

Hält man sich dies vor Augen, so erkennt man: das Abc-Gedicht hat durch Jahrhunderte hindurch im Unterbewußtsein japanisches Denken beeinflußt.

In diesem Sinne ist das japanische Abc-Gedicht vergleichbar mit gewissen Gebeten und Hymnen, die die christlich erzogenen Kinder in Europa lernen. Allerdings ist bei dem Abc-Gedicht der religiöse

Inhalt nicht so offenkundig. Es ist auch nicht flehend, fordernd oder gar unterschwellig drohend.

Der westliche Mensch führt einen Dialog mit seinem Gott – der fernöstliche Mensch führt einen Monolog mit seinem Ich.

Daß es einen Gott gibt, der den Menschen und die Welt geschaffen hat, der die Menschen so sehr liebt, daß er seinen einzigen Sohn für sie am Kreuz hat sterben lassen, daß er aber seinen Sohn auferstehen ließ und dadurch die Menschen von ihren Sünden erlöst hat – als gläubiges Kind lernt der westliche Mensch dies, als Erwachsenem mögen ihm Zweifel kommen.

Daß die Welt und die Menschen in ihrer Vergänglichkeit nur Teile eines unfaßbar großen, unpersönlichen Ganzen sind – als empfindsames Kind lernt der fernöstliche Mensch dies, als Erwachsenem mag ihm irgendwo ein Ziel leuchten.

Am Anfang des Abc-Gedichtes steht das Wort »iro«, das ich mit »Farbe« übersetzt habe; »iro« bedeutet aber auch Schönheit, Empfinden, Verlangen, alles im Sinne des Oberflächlichen, so, wie die Farbe sich als Eigenschaft des Äußeren darbietet. »Farbe ist ein Hauch, erblüht, zerrinnt ...« – die Naturbeobachtung, daß alles schließlich verwelkt: Blumen, Blätter, Menschen ...

Dann kommt die große skeptische Frage: »Was bleibt von dieser Welt?« Die einzig mögliche Antwort darauf scheint zu sein: »Nichts«.

Doch diese Antwort wird nicht gegeben. Es wird überhaupt keine Antwort gegeben. Nur ein Weg wird gezeigt, ein ganz persönlicher Weg, einmalig wie jedes Leben.

Es wird nur angedeutet, daß ein Mensch – vielleicht sogar jeder Mensch – einen solchen Weg gehen kann. Doch wenn man das Gedicht liest, weiß man nicht, ob es heißen soll: »Weiterhin durch das Dickicht ...« oder »Weiter, hindurch ...« Mit Bedacht habe ich die deutsche Übersetzung hier vielsinnig gelassen. Man soll nicht wissen, ob der Sprecher sich noch am Beginn seiner Reise fühlt, oder ob er sich dem Ziel nahe glaubt.

Überhaupt: Was ist das Ziel? »Ich befreie mich von schalen Träumen, Sättigung ...« – Ist dies das Ziel? Es bleibt dem einzelnen überlassen, zu entscheiden.

Vergeblich sucht man in diesem Gedicht nach Sentimentalität. Man kann, wenn man will, Pessimismus hineinlesen – bis zum Drang nach Selbstmord. Doch dies sind nur Wege, mögliche Wege unter unendlich vielen anderen. Das Spektrum reicht von der Selbstzerstörung bis zum bewußten, ernstgemeinten Genuß dieses kurzen Lebens, denn ...

... es gibt in Japan, älter noch als der Buddhismus, eine Tradition der Lebensbejahung. Sie ist die Essenz des altjapanischen Glaubens, den man Shinto nennt, eine in ihrem Wesen einfache, fast kindliche Einstellung zum Leben. Geburt, Liebe und Tod sind darin eingewebt als die natürliche Abfolge des Lebens aller Menschen in einer Natur, die selbst aus Geburt, Liebe und Tod besteht.

In jene Welt der simplen Lebensbejahung brach im 6. Jahrhundert der Buddhismus ein. Für ihn steht die

Vergänglichkeit des Lebens, die Nichtigkeit des Seins im Zentrum der Lehre. In Europa hätte eine Konfrontation derartiger Gegensätze wahrscheinlich Krieg bedeutet, Kampf bis zum Sieg der einen und dem Untergang der anderen Richtung. Doch in Japan waren – bis die Christen kamen – blutige Auseinandersetzungen wegen Glaubensfragen unbekannt. Statt gegenseitiger Vernichtung fanden Shinto und Buddhismus zu einer in ihrer Art einmaligen Symbiose zusammen. Shinto gewann durch die Begegnung mit dem Buddhismus an Tiefe. Im 8. Jahrhundert entstand folgendes Gedicht:

alles lebende geht dahin
diese kurze liebesspanne
sinnvoll zu leben
ist des lebens sinn

Der Geist, der diese Symbiose möglich machte, lebt auch heute noch. Mein Vater ist Shintopriester. Ich habe im Alter von achtzehn Jahren Emil Brunner kennengelernt. Durch diese Begegnung bin ich zur Christin geworden.

Als ich meinem Vater meinen Entschluß mitteilte, sagte er: »Jeder muß seinen eigenen Weg suchen.« Dann ging er in sein Zimmer und schrieb für mich ein Gedicht, das dann später, kurz vor Beginn des Vatikanischen Konzils im Sommer 1962, Gegenstand einer längeren Unterhaltung zwischen ihm und Papst Johannes XXIII. wurde:

viele wege führen zum gipfel
über alle breitet der mond sein licht
durch die zweige und über die felsenspitzen
sieht man von überall die gleichen gestirne

Tsching-tschang-tschung

Vielleicht gibt es – ich weiß es nicht – in irgendeinem deutschen Märchen eine Figur, die eine gewisse Ähnlichkeit mit mir besitzt. Es könnte eine Prinzessin sein, die lange schwarze Haare trägt und geschwungene Mandelaugen hat.

Allerdings kommen in den deutschen Märchen meist blonde Prinzessinnen vor. Es sind die bösen Feen, die schwarzhaarig sein sollen. Selbst wenn die überlieferten Märchentexte die Farbe der Haare und die Form der Augen im ungewissen lassen, so wurden doch in den Märchenillustrationen seit geraumer Zeit Stiefmütter und böse Feen überwiegend mit schwarzen Haaren ausgestattet. Oft sind ihre Augen schräggestellt. Haare und Augen, wie ich sie besitze, bleiben also solchen Figuren vorbehalten, denen die Volksmeinung unerfreuliche negative Eigenschaften zuschreibt. Deshalb, so glaube ich, ist die deutsche Märchenfigur, der ich vielleicht ein bißchen ähnlich sehe, eher eine böse Fee – eine Gestalt, der man im Märchenland am liebsten nicht begegnen möchte.

Kinder leben oft noch ein wenig in der Märchenwelt, aus der sich die Erwachsenen mit Selbstdisziplin herausgewunden haben.

Als es zum erstenmal geschah, daß mir ein Kind Sand ins Gesicht warf, dabei »tsching-tschang-tschung« rief und zusammen mit anderen Kindern weglief, dachte ich, es sei ein Irrtum gewesen. Manchmal passiert es ja, daß Kinder sich gegenseitig mit Sand oder Dreck bewerfen und jemand, der unbeteiligt vorbeigeht, getroffen wird. Damals war ich auch noch nicht lange in Deutschland. Ich lebte in einer mittelkleinen Universitätsstadt und besuchte Vorlesungen über deutsche Volkskunde. In diesem Zusammenhang beschäftigte ich mich mit deutschen Märchen und begann, sie mit Interesse zu lesen.

In dieser Universitätsstadt gab es zahlreiche ausländische Studenten, denen man schon rein äußerlich ihr Nicht-Deutschsein ansah. Man traf sie fast überall, und – oberflächlich betrachtet – war diese Stadt durchaus international. Sogar die Werbeprospekte, die das städtische Verkehrsamt unter die Leute verteilte, zierten sich gern mit Farbfotos von Studenten verschiedener nationaler Herkunft, die sich um den Gänselieselbrunnen scharten.

Jeden Tag, Monat um Monat, Frühjahr, Sommer, Herbst und Winter, ging ich durch die Straßen dieser Stadt. Nach einiger Zeit lernte ich, daß es besser für mich war, um Kinder zwischen acht und zwölf, die in Gruppen in Vorgärten oder auf den Bürgersteigen spielten, einen vorsichtigen Bogen zu machen. Zu oft hatte ich das skandierende Tsching-tschang-tschung gehört und in deutsche Kindergesichter hineingeblickt, deren Augenwinkel mit den spitzen Fingern beider Hände schräg nach oben gezogen waren. Daß mir ein Kind Sand ins Gesicht warf, ist nur noch zwei- oder dreimal passiert.

Nachdem ich genügend deutsche Volkskunde im Nebenfach studiert hatte, zog ich in eine größere deutsche Stadt – eine, die sogar die Millionengrenze überschritten hatte, während ich dort wohnte. Hier schien das Leben wirklich international. Zehntausende von Gastarbeitern leben in dieser Stadt. Tausende von Touristen bewundern alljährlich den Dom. Schubweise wird die Stadt von Messebesuchern aus aller Welt überflutet. Hier, so dachte ich, kann ich mich fühlen wie in Paris oder in New York, wie in Amsterdam oder sogar wie in Tokyo.

Ich bin ein Großstadtmensch und schätze die Anonymität, die die Großstadt gewährt. Man wird dort nicht ständig beäugt und kontrolliert. Die Neutralität, mit der Großstadtmenschen einander begegnen, schützt die eigene Lebenssphäre. Man ist frei. Man kann sich selbst seine Bekannten und Freunde aussuchen. Für den Rest darf man sich in dem beruhigenden Gefühl wiegen, in der großen Masse nicht beachtet zu werden.

Eines Sonntags ging ich im Stadtwald spazieren. Es waren viele Menschen da – Pärchen, ältere Leute, Frauen mit Hunden, Mütter mit Kindern, ganze Familien. Mir kam eine Gruppe von Kindern entgegen, etwa sieben oder acht, ich bemerkte sie kaum. Da plötzlich flog mir wieder Sand und Dreck ins Gesicht. Während ich – zu spät – die Hände vors

Gesicht hob, hörte ich den Dreiklangton des mir vertrauten Tsching-tschang-tschung und das knirschende Geräusch von Schuhen auf dem Weg, als die Kinder davonrannten. In einiger Entfernung blieben sie stehen, einige näher, andere weiter weg. Ich konnte sie sehen. Sie waren um die zehn Jahre alt und blond. Sie lachten. Sie zogen sich die Augenwinkel hoch. Sie rückten zusammen, stupsten sich gegenseitig an und machten einander mit ihren schräggezogenen Augenwinkeln Mut.

Einige Spaziergänger im Stadtwald blickten peinlich berührt weg.

Hinterher spürte ich ein wenig Traurigkeit in mir, als ich im gepflegten Stadtwald die sauber gesäumten Wege sah, die frisch geschnittenen saftiggrünen Wiesen, auf denen der Sonnenschein lag, die weit ausladenden Buchen und Blutbuchen am Waldrand und die knorrigen Kiefern, deren Dunkelgrün sich stark von den Farben der Laubbäume abhob. Ich scheute mich, den Passanten in die Gesichter zu sehen, sah eine Zeitlang nur auf ihre Füße. Ich sah auf die sich drehenden Räder der vorbeigeschobenen Kinderwagen und dachte: Was für Kinder wachsen darin heran?

Inzwischen weiß ich, daß ich gut daran tue, bei Schulschluß die Straßenbahn nicht zu benutzen. Wenn bei kaltem feuchtem Wetter die Scheiben der einfahrenden Straßenbahnen innen beschlagen sind und ich draußen im Mantel und mit einem warmen Schal um den Hals an der Haltestelle stehe, ist mir bewußt, daß ich immer damit rechnen muß, daß es unter den auf der hinteren Plattform der Straßenbahnwagen dicht gedrängt stehenden Kindern eines gibt, das sich grinsend die Augenwinkel hochzieht, sobald ich ins Blickfeld gerate. Eines reißt die anderen mit. Oft sehe ich dann hinter den beschlagenen, mit Händen oder Ärmeln freigewischten Straßenbahnscheiben eine ganze Galerie von grinsenden Kindergesichtern. Wenn sich die Türen öffnen, höre ich das hastig gezischte Tsching-tschang-tschung, das von gickelnden, hohen Stimmen ausgestoßen wird. Es verstummt auch nicht ganz, wenn ich mitten in eine solche Kinderschar einsteige, sondern klingt nur erstickter, weil sich die Zischenden hinter den Rücken der anderen Kinder verbergen.

Das Unwahrscheinliche daran ist, daß ich etwas Ähnliches noch in keinem anderen Land als Deutschland erlebt habe. Man kann sagen, daß es nicht weiter verwunderlich sei, wenn mir in der Pariser Metro, im Londoner Trolleybus oder in der New Yorker Subway immer nur jene neutrale Unbeteiligtheit entgegenweht, die ich als Fluidum der Großstadt schätze. Man kann sich herausreden damit, daß Paris, London und New York wirklich internationale Städte seien. Was mich aber nachdenklich stimmt, ist, daß ich das skandierende Tsching-tschang-tschung nie gehört und das Grinsen und die hochgezogenen Augenwinkel nie gesehen habe, wenn ich in kleineren Städten und Orten jener Länder war, die unmittelbar an Deutschland angrenzen. Nicht in Enschede in Holland, nicht in Lüttich in Belgien, nicht in Dijon oder Cambrai in Frankreich, nicht in Esbjerg in Dänemark und auch nirgendwo in der Schweiz.

Es kann also doch nicht an den Märchen liegen, denn auf der Universität habe ich gelernt, daß alle typischen Märchenfiguren, die man in Deutschland kennt, gemeinsames europäisches Überlieferungsgut sind. Das Symptom muß seine Wurzeln anderswo haben. Vielleicht in den Tiefenschichten der deutschen Seele? Vielleicht in den Überresten des verflossenen Rassenbewußtseins, das noch in den Seelenfalten hängt?

Nahe der Straße, wo ich wohne, wurde neulich ein Haus gebaut. Wenn ich daran vorbeiging, sah ich, wie die Mauern Tag um Tag wuchsen. Zimmerleute richteten den Dachstuhl und steckten einen geschmückten Richtbaum auf den First. Das großzügige Schwimmbad wurde smaragdgrün gekachelt. Die Fassade bekam eine Verkleidung aus Naturstein. Dann wurden stabile Doppelfenster eingesetzt und eine repräsentative Eingangstür aus Eichenholz. Alles zeugte von gediegener Wertarbeit und von deutscher Korrektheit – bis hin zum schnurgerade gezogenen Jägerzaun.

Schließlich waren die Leute eingezogen, mit einem Auto in der Größenklasse, die zum Haus paßte, mit einem Zweitwagen und einem kleinen Jungen.

Als ich das nächste Mal vorbeikam, sah ich den Jungen am Gartentor im Sand spielen, der noch vom Bauen übriggeblieben war. Der Junge war etwa vier Jahre alt. Er hatte einen blau-roten Spielzeugkran, dessen sandbeladenen Korb er gerade hochkurbelte.

»Schlecht«, sagte der Junge, als ich den Schritt anhielt und ihm einen Augenblick lang zusah. Er blickte zu mir hoch. »Schlecht«, sagte er noch einmal.

»Was ist schlecht«, fragte ich ihn und beugte mich herab, »soll ich dir helfen?«

Er machte eine plötzliche Bewegung mit seiner Spielzeugschaufel, die mir eine ganze Ladung Sand ins Gesicht und in die Haare warf. Eine Frau, die gerade vorbeikam, half mir, den Sand aus den Haaren zu klopfen.

»Das hat er sicher nicht absichtlich getan«, sagte sie zu mir und ermahnte den Jungen: »Du mußt besser aufpassen.«

»Das ist eine Chinesin«, sagte der Junge, »diese Sorte soll verschwinden.« Er lud seine Spielzeugschaufel wieder voll Sand.

Hinterher habe ich über diese Worte noch lange nachgedacht. So, wie der kleine Junge sie gesprochen hatte, konnten sie nicht von ihm stammen. Sie klangen nachgeplappert. Seitdem schaue ich immer besonders aufmerksam hin, wenn ich diesen kleinen Jungen mit seinen Eltern zusammen im nahen Stadtwald spazierengehen sehe. Sie fallen auf, weil sie sich inzwischen zwei weiße Gänse zugelegt haben, die sie auf der Stadtwaldwiese grasen lassen. Das gibt immer eine große Aufregung unter den Hunden der anderen Spaziergänger.

Die Gänse sind sehr aggressiv. Sie fauchen mit langgestreckten Hälsen so furchteinflößend, daß kein biederer deutscher Hund es wagt, ihnen nahe zu kommen. Manche Pudel rennen mit großer

Geschwindigkeit kläffend auf sie zu, drehen aber kurz vor ihnen ab, so daß Grashalme und die Erde von Maulwurfshügeln durch die Luft fliegen.

Die Eltern des Jungen treten stets sehr elegant auf. Wenn ich an ihnen vorübergehe, blicken beide angestrengt an mir vorbei auf ihre graszupfenden Gänse. In ihren Mundwinkeln nistet jener Ausdruck von Selbstzufriedenheit, der sich vielleicht einstellt, wenn man ein schönes neues Haus, zwei gut gepflegte Autos, zwei ungewöhnliche Gänse und einen sich prächtig entwickelnden Jungen besitzt.

Heinrich Heine und ich

Anfangs sagten mir alle, Deutsch sei schrecklich schwer. Sie warnten mich vor den Tücken der deutschen Grammatik, vor der Zerrissenheit des deutschen Satzbaues und der Hinterhältigkeit der Deklination.

Es stimmt.

Noch heute passiert es mir, daß ich einen Satz mit ›habe‹ beginne und dann gegen Schluß merke, daß mir kein Verb zufliegt, welches sich mit ›haben‹ verbinden läßt. Dann gerate ich ins Stocken und bereue, daß ich nicht – wie die Deutschen es offenbar ausnahmslos können – meinen Satz korrekt zu Ende gedacht hatte, bevor ich das erste Wort auf den Weg schickte.

Umständlichen Sätzen und vor allem Schachtelsätzen weiche ich gern aus. Eigentlich sollte ich nicht vor ihnen zurückschrecken, denn nach allem, was man hier in Deutschland liest und hört, sind solche Sätze immer noch hoch angesehen. Die Kunst, sich möglichst langatmig und dazu noch gedanklich verschlungen auszudrücken, wird sehr gepflegt und als literarische Begabung betrachtet. Dies gibt der deutschen Sprache einen Anschein von Gewichtigkeit.

Bevor ich selbst Deutsch verstehen und sprechen konnte, hörte ich nur die Melodie der Sprache. Ich kann nicht behaupten, daß mir Deutsch melodisch vorgekommen wäre. Trotzdem übte diese Sprache auf mich einen seltsamen akustischen Reiz aus. Irgendwie klang Deutsch erdnah. Zumindest empfand ich es so.

Ich hatte schon vorher viel Heine gelesen – allerdings in japanischer Übersetzung. Ich versuchte, die Bewunderung, die ich für Heinrich Heine empfand, mit dem sympathisch erdnahen Klang der deutschen Sprache zu verbinden.

Ich hatte schon in Japan recht viel geschrieben – Gedichte und Erzählungen. Worte besaßen früh eine große Anziehungskraft für mich. Mein Vater sagte mir, ich sei schon als Kind ziemlich mitteilsam gewesen. Alles, was ich gesehen hatte, mußte ich in größter Ausführlichkeit wiedergeben. Oft seien dabei, sagte mein Vater, die Grenzen zwischen Wirklichkeit und Phantasie nicht mehr erkennbar gewesen.

So hatte ich zum Beispiel zwei Nachbarsfrauen flüsternd zusammenstehen sehen, gebeugt, mit einander zugeneigten Köpfen. Ihren Augen, die von einem Augenwinkel in den anderen gesprungen waren, las ich ungeheure Neuigkeiten ab – daß die Sterne heute nacht rot sein würden und der Mond völlig grün, daß den Fischen im Meer Flügel wachsen, mit denen sie zum Mond hochflögen, um von dort gegrillt herunterzufallen.

Glücklicherweise habe ich einen Vater, der mir nie gesagt hat: »Das stimmt nicht.« Meine Mutter erschreckte mich manchmal mit der Anschuldigung: »Du lügst.« Aber dann brauchte ich nur meinen Vater anzusehen, in dessen Augen stets ein Lächeln stand, wenn ich bunte Phantasien aus mir heraussprudeln ließ. Er weiß, daß Worten eine Zauberkraft anhaften kann, durch die die Farbe der Gestirne verändert wird und die das Unmögliche in den Bereich des Möglichen rückt.

So suchte ich früh die Welt um mich herum zu verstehen, indem ich sie beschrieb. Die Sprache war mir vertraut. Es fiel mir leicht, mich auszudrücken. Ich schrieb, während ich noch zur Schule ging, für literarische Magazine und Zeitungen. Ich hatte meine ersten Erfolge.

Trotzdem wollte ich heraus aus Japan. Ich kann dafür keinen eigentlichen Grund nennen, nur daß in mir der Wunsch brannte, die Welt draußen kennenzulernen. Ich wollte mir auch Japan von außen ansehen. Ich sagte mir, daß man etwas, das man kennt, nur dann wirklich versteht, wenn man es sich von innen und von außen angesehen hat.

Als ich nach Deutschland kam, war ich schon ein wenig mit der westlichen Mentalität vertraut. In

Amerika hatte ich Theater studiert, Theater gespielt – auf englisch –, Regie geführt und kleine Stücke selbst geschrieben. Dies war eine ungeheuer harte Schule, auch wenn ich zu jener Zeit die englische Sprache schon gut beherrschte.

Bis dahin hatte ich in rein japanischer Umgebung gelebt. Ich verstand das Gestenrepertoire der Japaner, sah die Motivation, die hinter jeder Geste steckt, und konnte die feinsten Nuancen der japanischen Mimik deuten. Dann, in Amerika, mußte ich plötzlich umlernen. Ein völlig anderes Gestenrepertoire tat sich vor mir auf. Die Gesten, die ich sah, wurden von Motivationen getragen, die ich zuerst nicht verstand. Die Mimik westlicher Gesichter kam mir unheimlich wild vor.

Um aber auf der Bühne in einem für amerikanische Schauspieler geschriebenen Stück eine Rolle übernehmen zu können, um in solch einem Stück selbst Regie führen und um schließlich eigene Stücke schreiben zu können, die dann von Amerikanern aufgeführt werden sollten, durfte mir nichts fremd bleiben.

Nach dieser Einführung in die westliche Welt kam ich nach Deutschland. Ich konnte kein Wort Deutsch sprechen.

Wenn ich jetzt zurückdenke an die Zeit, in der ich zuerst einmal nur Deutsch lernte, dann sind das erstarrte Jahre. Wortlose Jahre.

Ich zwang mich, kein japanisches Wort zu benutzen, und verbannte auch Englisch für einige Zeit. In dieser erzwungenen Wortlosigkeit sog ich Deutsch in mich herein. Alle Gedanken und Gefühle, die aus mir hinausdrängten, schloß ich wieder ein. Ich sagte mir, es müsse doch möglich sein, alles, was ich dachte und fühlte, auch auf deutsch auszudrücken. Nur leider brauchte ich fünf Jahre dafür. Eine Zeitlang dachte ich, ich würde es nicht schaffen oder ich würde verrückt.

Für viele ist eine fremde Sprache eine Sache der Nützlichkeit. Gerade genug, um beim Gemüsehändler einzukaufen, sich in der Stadt den Weg zu erfragen, ein wenig mehr Informationen als andere aufzunehmen oder um so viel sprechen zu können, daß das Geschäft besser läuft. Sie bedienen sich der Sprache, aber sie leben nicht in ihr.

Ich fühlte mich während meiner wortlosen Jahre, als müßte ich ertrinken. Bis ich dann eines Morgens aufwachte und wußte, daß ich zum erstenmal auf deutsch geträumt hatte. Danach ging alles sehr viel einfacher. Es war, als ob ich plötzlich schwimmen gelernt hätte und nie mehr Angst vor dem Ertrinken zu haben brauchte.

Seltsam, wie die in mir angestauten Gefühle mit einemmal in deutschen Worten beschreibbar wurden. Seltsam, wie ich für meine Eindrücke und Gedanken immer mehr Begriffe entdeckte, die mich durch ihre Bildhaftigkeit überraschten. Ich entwikkelte eine Art privater Dankbarkeit für diese deutsche Sprache. Ich sagte mir, daß es doch eigentlich ein glücklicher Zufall sei, daß mir die deutsche Sprache sehr entgegenkomme. Ich war froh, daß Deutsch sich als reich an Nuancierungsmöglichkeiten erwies.

In der japanischen Sprache lassen sich so viele Wortbilder zusammenfügen, daß dieses Übermaß an Bildhaftigkeit zu einer Gefahr für die Sprache wird. Klare Gedanken haben es schwer, einen Weg durch das Gestrüpp der Wortassoziationen zu finden.

Daran krankt auch die japanische Literatur, besonders der Roman. Die Dichtkunst ist in Japan hoch entwickelt, hat sogar in der Form der Haiku-Dreizeiler als Exportware eine derartige Weltgeltung erlangt, daß man heute mancherorts denkt, alle Japaner seien Poeten. Man stellt sich vor, daß die anderen Gattungen der Literatur in Japan ähnlich schöne Blüten getrieben hätten, vergißt aber dabei, daß ein Roman mehr ist als die Aneinanderreihung von tausend Dreizeilern.

Das ist es, was mich an der deutschen Sprache fasziniert hat, daß sie eine starke Bildhaftigkeit besitzt und trotzdem zu klarem Denken einlädt. Sie vermag es, Gedanken weiterzutragen und gleichzeitig assoziativ zu sein. Sie vermag es, Poesie und Logik der Gedanken zu verbinden.

Das habe ich empfunden, als ich Heine las. Ich hielt ihn für einen sehr deutschen Dichter.

In Deutschland erfuhr ich dann, daß man ihn hier nicht überall schätzt. Man meidet ihn, fühlt sich irritiert, kommt mit seiner Ironie nicht zurecht. Man versteht ihn nicht – vielleicht wegen seiner Poesie und seiner scharfen Logik.

Wie ein Schiff über die Wellen erhebt sich im Nordwesten Kyotos der Funaoka-Hügel über die niedrigen Häuserzeilen des alten Seidenweberviertels. Oben auf der Kuppe zwischen Kiefern und Ahornbäumen liegt der Kenkun-Schrein, dessen Oberster Priester mein Vater ist.

Es führt kein Fahrweg bis dort oben hinauf, nur eine Folge von Treppen und ansteigenden Wegen.

Am südöstlichen Aufgang steht der große Torii aus rohem Holz. Er markiert den Eintritt in den Schreinbezirk. Von dort führen zwei Treppenwege hinauf – ein seitlicher breiter Treppenweg, der sich in Windungen bis hinauf zum Kenkun-Schrein zieht, und eine gerade, schmale, steile Treppe, die fast unter den Bäumen verschwindet. An ihrem Fuß, auf jedem Treppenabsatz und ganz oben stehen je ein kleiner zinnoberroter Torii.

Eine uralte Eiche hat mit ihren Wurzeln die Stufen etwas auseinandergedrückt. Während eines heftigen Sommergewitters schlug einmal der Blitz in diese Eiche ein. Wir spürten oben in unserem Haus den Einschlag und hörten gleichzeitig den Donner. Etwas später, als der Regen so überraschend aufgehört hatte, wie er gekommen war, sah ich am Stamm die noch rauchende schwarze Spur des Blitzes. Er hatte eine tiefe Kerbe in die Eiche geschlagen.

Die schmale, steile Treppe am südöstlichen Aufgang gehört zu den ältesten Teilen des ganzen Schreinbezirks. Ihre Anlage stammt aus einer sehr frühen Zeit. Lange bevor Kyoto zur Hauptstadt und tausendjährigen Kaiserstadt wurde, war hier zu Füßen des Funaoka-Hügels eine Siedlung entstanden. Sie geht auf die frühen Einwanderer zurück, die von China und Korea kamen. Sie brachten die Kunst der Seidenweberei nach Japan und stellten unweit des Funaoka-Hügels ihre Webstühle auf. Schon damals muß dort, wo heute noch die alte Treppe vom großen Torii aus emporführt, das Klappern und Schlagen der Webstühle zu hören gewesen sein.

Als ich klein war und jeden Tag auf meinem Schulweg über diese Treppe herunterkam, war die Luft erfüllt von dem hölzernen Klappern der Webstühle, das entsteht, wenn der Querschuß gegen den Kettbaum schlägt und der Klöppel von der Wippe betätigt wird. Wenn ich als Kind durch das Gassengewirr des alten Seidenweberviertels streifte, war ich ganz eingehüllt in das atemlose Stakkato der Webstühle, das aus Türen und Fenstern drang. Überall sah ich die Weberinnen sitzen, in dunklen Zimmern unter niedrigen, tief durchhängenden Balkendecken, in ihre Webstühle eingespannt.

Die Seide, die sie webten, blitzte und glänzte. Gold- und Silberfäden, leuchtendes Scharlachrot, Purpur wie der Abendhimmel, helles Grün wie das der Wasserlinsen auf dem Teich – alle Farben, die ich an meinem ersten Kimono liebte, schienen in diesen lichtscheuen Höhlungen zu entstehen.

Manche der Weber und Weberinnen kannte ich, weil ihre Kinder mit mir in dieselbe Schule gingen. Häufig stand ich in den dunklen, niedrigen Räumen, die fast völlig von den mir damals gewaltig anmutenden Webstühlen und Garnspulmaschinen eingenommen wurden. Oder ich stand beim Stoffhändler vor der Theke, wo die kostbaren Kimonoseiden in Rollen in Regalen und bunt bedruckte Tücher in Stapeln auf den Tischen lagen. Manchmal zeigte mir ein Weber das goldene Garn, aus dem er die teuersten Stoffe webte, und lange sah ich zu, wie die schwere Seide aus den Webstühlen hervorquoll, Zoll um Zoll, und für jeden Zoll waren tausend Handgriffe nötig. Komplizierte Muster verlangen ständige ungeteilte Aufmerksamkeit. Deshalb sahen es die Weber und Weberinnen ungern, wenn wir Kinder sie bei der Arbeit störten. Nur wenn sie gerade eine einfarbige Partie zu weben hatten oder die Fäden eines fertigen Stoffes abschnitten, lachten sie und scherzten mit uns.

Wenn der Abend klar und die Luft unbewegt war, glaubte ich das rasche Stakkato der Webstühle bis in den Schlaf hinein zu hören – aber vielleicht waren das nur Träume, denn selten dringen Geräusche aus der Stadt bis hinauf zu unserem Haus, das neben dem Kenkun-Schrein steht.

Selbst heute, wo sich unten im Gassengewirr dicht an dicht die Autos drängen und sich hupend den Weg bahnen, wo Reklamelautsprecher plärren oder Schallplattenmusik aus Diskotheken dröhnt, durchdringen nur wenige Lärmfetzen den Schutzwall des Waldes, der den ganzen Funaoka-Hügel überzieht.

Aber als Kind glaubte ich noch im Schlaf das hölzerne Klappern der Webstühle zu hören, vermischt mit dem langgezogenen Singsang der Nudelsuppenverkäufer, die unten im Seidenweberviertel ihre zweirädrigen Karren durch die Gassen zogen und an viele, die spät von der Arbeit kamen, eine Schale dampfend heißer Nudelsuppe verkauften. Ihr vom klagenden Ton einer Messingzinke begleiteter Ruf und die aus der Ferne herüberwehenden Gongschläge aus einem der vielen buddhistischen Tempel in der Stadt verschmolzen mit den Geräuschen, die nachts aus den Blättern der Büsche und Bäume vor meinem Fenster kamen, dem Zirpen der Grillen, dem Rufen der Gekkos und dem Schrei eines Kauzes.

Irgendwann ließ mein Vater den steilsten Teil der schmalen Treppe am südöstlichen Aufgang in der Mitte mit einem eisernen Geländer versehen. Ich ließ dann mit Freude meinen Schulranzen auf dem Geländer reiten. Einmal setzte ich mich auch selber darauf und rutschte hinunter. Die rasende Abfahrt endete aber so unsanft, daß ich, die Tränen hinunterschlukkend, rasch wieder die steilen Stufen hinauflief bis zum Ende des Geländers auf dem zweiten Treppenabsatz, wo rechts in einer Ausbuchtung des Weges unter einer schützenden Felsenklippe der alte kleine Inari-Schrein steht. Zwei Füchse, die Boten zwischen den Göttern und den Menschen, wachen dort über einen Opfergabenaltar, auf dessen Stufen immer etwas ungekochter Reis, einige Schälchen Salz und frisches Wasser stehen.

Ich verbeugte mich vor dem Altar und versprach, daß ich nie mehr das Treppengeländer herunterrutschen würde. Damit die Götter mich auch wirklich hörten, zog ich dreimal kräftig an dem geflochtenen

Seil aus fünf verschiedenfarbenen Stoffbändern, an dem eine bronzene Glocke hängt. Als ich aufblickte, schienen die beiden bunt bemalten Füchse zu beiden Seiten des Altars mir verständnisvoll zuzuzwinkern.

»Bestimmt«, bekräftigte ich mein Versprechen, »ich rutsche nie mehr das Treppengeländer hinunter.«

Zu diesem Inari-Schrein kommen oft Leute, um den Göttern ihre Wünsche vorzubringen. Man sagt, man müsse hundertmal um den kleinen Schrein herumgehen und dabei ständig den Wunsch murmeln, dessen Erfüllung man erhofft. Die Füchse tragen dann die Worte zu den Göttern.

Um den Füchsen die weiten Botengänge schmackhaft zu machen, bringen die Leute ihnen oft besonders leckere Inari-Sushi, aus Soja-Eiweiß und Reis geformt, da man doch weiß, daß Füchse so etwas gern fressen. Nachts brennen immer die Lampions am Inari-Schrein, damit die Füchse die Gesichter derjenigen genau erkennen, die ihnen ihre Gebete für die Götter auftragen.

Offensichtlich waren die Füchse des Inari-Schreins am südöstlichen Aufgang zum Funaoka-Hügel gute und erfolgreiche Götterboten, denn immer wieder brachten Leute reichlich Inari-Sushi und legten sie neben den Reis, das Salz und den Becher Wasser auf die Stufen des Altars. Dies geschah immer frühmorgens, oft noch vor Sonnenaufgang, wenn die beste Zeit ist, Gebete zu sprechen.

Bisweilen sah ich eine verwilderte Katze, die zwischen den Steinsockeln der vielen kleinen anderen

Opfergabenaltäre kauerte, die irgendwelche Leute vor längst vergangener Zeit dort rund um den Inari-Schrein aufgestellt hatten. Die Katze wartete begierig darauf, den Füchsen die Inari-Sushi zu stehlen. Wenn ich morgens dort vorbeikam, bin ich aber der Katze manchmal zuvorgekommen. Ich habe mir die Leckerbissen weggeschnappt und sie rasch aufgegessen.

Mein Vater lächelte, als ich es beichtete. »Die Füchse sitzen schon seit vielen Menschengenerationen dort«, sagte er, »sie freuen sich bestimmt, wenn ab und zu ein kleines Mädchen daherkommt und sich die Inari-Sushi wegholt – schneller als eine wilde Katze.«

Der Inari-Schrein ist der Reisgottheit geweiht. Sein Ursprung läßt sich bis zu den frühesten Siedlern zurückverfolgen, die hier ihr Heiligtum errichteten. Von hier aus wachte der Reisgott zusammen mit anderen Gottheiten über den Reisanbau unten auf den Feldern. Er wachte über die Häuser und das Handwerk der Menschen, besonders über die Seidenweberei. Damals überzogen Reisfelder die ganze Ebene, die sich vom Funaoka-Hügel nach Süden hin erstreckt und die von den beiden Flüssen Kanogawa und Katsuragawa begrenzt wird. Die Seidenweberei entwickelte sich rasch und breitete sich aus.

Schon zu Zeiten Shotoku-Taishis, der im sechsten Jahrhundert westlicher Zeitrechnung lebte und dem Land den ersten Gesetzeskodex gab, muß die Seidenwebersiedlung am Fuße des Funaoka-Hügels die Größe einer Stadt erreicht haben. Von Shotoku-

Taishi ist überliefert, daß er, als er vom Funaoka-Hügel aus über die reiche Ebene blickte, ausrief: »Hier wird einmal die Kaiserstadt stehen.«

Damals residierte der Tenno in Nara, vierzig Kilometer südlich, in den Berghängen östlich vom heutigen Osaka gelegen. Noch etwa einhundertsiebzig Jahre nach Shotoku-Taishi blieb Nara Zentrum und Kaiserstadt.

Dann aber, im späten achten Jahrhundert, sorgten die Seidenweberfamilien am Fuße des Funaoka-Hügels dafür, daß einer der ihrigen Tenno wurde: Kanmu-Tenno, Sproß einer aus Korea eingewanderten Sippe. Er ließ in die Ebene zwischen den beiden Flüssen die neue Kaiserstadt bauen. Heian-kyo – Hauptstadt des Friedens, der alte Name für Kyoto. Genau südlich vom Funaoka-Hügel entstand damals der erste Kaiserpalast. Er nahm ein Areal ein, das fast doppelt so groß war wie das Areal des heutigen Kaiserpalastes in Kyoto, der viel weiter östlich vom ehemaligen Standort liegt und dessen Anlagen aus einer viel späteren Zeit stammen.

Das alte Heian-kyo wurde nach dem Vorbild der damaligen Hauptstadt Chinas Ch'angan mit rechtwinklig sich schneidenden Straßen angelegt. Noch heute ist Kyoto die einzige der großen Städte Japans mit einem strengen rechtwinkligen Straßennetz. Dort, wo heute die Eisenbahnlinie von Kyoto zur Küste des japanischen Meeres die alte Stadt südnordwärts durchschneidet, zog sich früher die Prachtavenue von Heian-kyo hin, eine 85 Meter breite, vier Kilometer lange Straße, an deren südlicher Pforte das Rashomon stand, das alte Tor, von dem die Zeit keine Spuren hinterlassen hat.

Über tausend Jahre lang blieb Kyoto Kaiserstadt. Die ersten Jahrhunderte waren friedvoll. Dichtung und Literatur erreichten um das Jahr 1000 einen Höhepunkt. Damals entstand die »Geschichte vom Prinzen Genji«, eine breit ausgemalte Schilderung der Liebesgeschichten und Intrigen am kaiserlichen Hof. In mehreren Gedichten aus jener Zeit wird die Schönheit des Funaoka-Hügels erwähnt, der vom Kaiserpalast zu Fuß oder mit der Sänfte in einer halben Stunde erreichbar war.

Ich warte auf den Tag,
an dem ich wieder zum Funaoka-Hügel
aufsteigen werde,
wo die Luft nach Kräutern duftet.

Im Schatten der Bäume auf Funaoka
scheint die Zeit stillzustehen jetzt und immer.

Wenn auf dem Funaoka-Hügel das Schreinfest gefeiert wird, strömen viele Menschen herbei. Dann freuen sich die fliegenden Händler, die unten am Fuß des Hügels ihre Stände aufschlagen, und die Handleser, die in ihren Zelten hocken und den Leuten ihr Schicksal voraussagen. Manchmal läßt mein Vater zum Schreinfest Flötenspieler kommen, die mit ihren langgezogenen, vibrierenden Flötentönen seltsame Musik aus ferner Zeit in die Erinnerung zurückholen.

Das erste Schreingebäude ist ein nach allen vier Seiten offener Bau, ein Bühnenbau, in dem die alten

Bugaku-Tänze aufgeführt werden. Ein weit ausladendes Dach gibt reichlichen Schatten. Das Dach ist mit einer dicken Schicht schindelförmig geschnittener Zedernborke gedeckt, die alle fünfzig Jahre erneuert wird. Zur Zeit des Schreinfestes dröhnt der Resonanzboden der Bühne unter den Tanzschritten. Alles läuft sehr gemessen ab nach einem Ritual, das seit der Nara-Zeit, seit über dreizehnhundert Jahren, unverändert geblieben ist.

Hinter der Bühnenplattform liegt der umzäunte Schreinbereich. Im Innenhof wachsen Farne und die heiligen Sakaki-Büsche. Bei dem nach drei Seiten hin offenen Altargebäude reichen Kiefernäste und Ahornzweige fast an den erhöht stehenden Altar heran. Er ist aus rohem Holz gefügt, ohne schmükkendes Beiwerk. Auf dem Tisch vor dem Altar stehen zwei kleine Reisweingefäße aus milchweißem Porzellan.

Was der Altar hinter seinen stets verschlossenen Flügeltüren verbirgt, weiß ich nicht. Was immer es sein mag – ein Stein, ein Metallspiegel oder ein anderer symbolhafter Gegenstand –, ist im Grunde unwichtig. Es soll nichts Wertvolles sein, und deshalb kann ich nur sagen, was es mit Sicherheit nicht ist: weder Gold noch Silber noch Edelsteine. Nichts enthält der Altar, was Anspruch auf ewige Unveränderlichkeit erhebt, was Assoziationen mit Reichtum und Macht weckt oder als Reliquie angesehen werden könnte. Nichts enthält der Altar, was dogmatisch fixierbar ist, was unwidersprechbare Autorität in Anspruch nimmt.

Das habe ich früher, als ich ein Kind war, nicht verstanden. Ich habe es später auch nicht mit Worten gelernt, sondern mit Gefühl. Wenn ich zurückschaue, dann sind es nur fröhliche, glückliche Erinnerungen, die ich mit dem mir als Kind immer gegenwärtigen und räumlich nahen Schrein verbinde. Nie habe ich ein beklemmendes Gefühl verspürt, wenn ich den Altar des Kenkun-Schreins ansah. Er war für mich keine mit Moralvorschriften und Strafandrohungen vollgepfropfte Kiste, vor der ich mich, wenn ich irgendwann Unrecht getan hatte, fürchten mußte.

»Das Leben bietet eine Vielfalt von Wegen«, sagte mein Vater, »du kannst jeden Weg frei wählen, aber du mußt wissen, daß du den gewählten Weg nur einmal gehen kannst – das ist Shinto.«

Ich glaube, darin liegt ein wesentlicher Unterschied zu anderen Religionen, wie dem japanischen Buddhismus oder dem Christentum. Shinto will nur Wege weisen, die Richtungen, in die man gehen kann. Welchen Weg man jeweils einschlägt, bleibt jedem überlassen.

»Es gibt keinen Ort«, sagte mein Vater, wenn ich mit ihm zum Altar hinging, »wo du freier bist als hier. Wenn du zornig bist, schrei vor Wut. Wenn du traurig bist, weine. Wenn du dich beleidigt fühlst, streck dem Altar die Zunge heraus.«

Shinto besitzt keine starren Dogmen, sondern sagt nur, daß das Leben einmalig ist und mit dem Tod endgültig erlischt. Wer diese Gewißheit völlig in sich aufgenommen hat, akzeptiert auch die Eigenverantwortlichkeit für den Weg durch das Leben.

Diese Freiheit der eigenen Entscheidung ist eine Herausforderung, der wohl die meisten Menschen nicht gewachsen sind. Die Menschen sind fliegende Herbstblätter im Wind. Sie flüchten sich gern in die Hoffnungen auf das Paradies, mit denen überall in der Welt die Erlöserreligionen die Menschen zu trösten suchen. Was im Westen das Christentum mit seinem Versprechen der Liebe Gottes tat, hat in Japan der zum reinen Paradiesglauben umgeprägte Amida-Buddhismus getan. Er sagt, daß alle Menschen, auch die unglücklichsten und die sündigsten, an der gnadenreichen Erlösung durch Buddha teilhaben werden, wenn sie nur mit dem letzten Atemzug ihres Lebens den Namen Buddhas murmeln. Dann geleitet Buddha ihre Seelen in eine ferne, entrückte Welt, wo ewiges Glück herrschen soll.

Der Gegensatz zwischen Paradies-Buddhismus und Shinto könnte krasser nicht sein. Denn Shinto sagt, daß das Leben ein ganz diesseitiges Ereignis ist, an dessen Ende unwiderruflich der Tod wartet. Nur in der Erinnerung der Noch-Lebenden lebt die Seele fort. Es gibt keine Ewigkeit. Es gibt keinen Himmel des ewigen Glücks, aber auch keine Hölle. Es gibt nur die Erinnerung der nachfolgenden Generationen. Allein auf die Menschen, mit denen man im Leben zusammengelebt hat, kommt es an. In dem Maße, wie bei ihnen die Erinnerung an einen Verstorbenen verblaßt, verblaßt auch dessen Individualität. Die Seele verschwindet zwar nicht – sagt Shinto –, aber sie geht in die Natur ein. Sie wird gestaltlos wie alles, was gelebt hat und dann zerfallen ist. Selbst Felsen zerfallen, Gebirge wandeln sich, und aus Sand wird wieder Fels.

Dieses Aufgehen in der Natur wird nicht als etwas Unheimliches empfunden. Es wird als unabänderlicher Weg des Lebens akzeptiert. Nur solange die Erinnerung erhalten bleibt, lebt auch die Seele weiter.

Deshalb errichtet man in Japan Schreine – als Stätten der Erinnerung. Private Schreine für Familienangehörige, öffentliche Schreine für Gestalten der Mythologie und Geschichte. Wenn zu Ehren eines historisch bedeutsamen Menschen irgendwo ein Schrein entsteht, so wird damit nicht eine Vergötterung dieses Menschen angestrebt. Dieser Mensch wird auch nicht dadurch in den Rang eines von allen Fehlern befreiten Heiligen erhoben. Heilige gibt es im Shinto nicht.

Der Schrein dient vielmehr dem Versuch, den Genius jenes Menschen als geistig weiterwirkende Kraft in Erinnerung zu halten. Dabei stören menschliche Schwächen nicht, denn niemand glaubt im Ernst daran, daß ein Mensch immer fehlerfrei gewesen sei. Das absolut Gute und das absolut Böse gibt es nicht. Solange das Gute, das ein Mensch getan hat, das Schlechte überwiegt – auch vor dem Urteil der Geschichte –, kann er Platz in einem Schrein finden.

Der Wunsch, in Erinnerung zu bleiben, ist in jedem Menschen tief verwurzelt. Im Rahmen des Shinto-Glaubens hat diese Tatsache das Verhalten der Japaner in sehr nachhaltiger Weise geprägt. Etwas von dem Glauben, der die Schreine trägt, ist in das alltägliche Verhalten aller eingeflossen.

Ich möchte zwei Aspekte nennen, deren Ursachen sich indirekt auch auf die Gedankenwelt des Shinto zurückführen lassen: den Leistungswillen der Japaner und ihren ausgeprägten Hang zur Konformität.

Der japanische Leistungswille ist keinesfalls erst jüngeren Datums, wie viele im Westen meinen, sondern eine recht alte Eigenart, die zum Beispiel schon die ersten Europäer in Erstaunen versetzte, die vor über 400 Jahren in das Land kamen. »Überall rege Betriebsamkeit, ein ständiges Eilen und Hasten, ein Gewimmel in allen Straßen von morgens früh bis spät in die Nacht. Überall wird eifrig gearbeitet, wird eifrig gelernt. Jeder versucht, den anderen zu übertreffen an Leistung, an Wissen und an Geschicklichkeit ...«, heißt es in einem alten Bericht aus der Zeit der ersten Europäer in Japan. Heute könnte man noch das gleiche sagen.

Die Triebfeder des Leistungswillens in Japan ist – wie auch sonst überall in der Welt – der in vielen Menschen vorhandene Wunsch, sich aus der großen Menge der Mitmenschen herauszuheben. Doch in Japan mischt sich eine transzendentale Komponente in dieses Leistungsstreben: Weil der Shinto-Glaube sagt, daß die Seele des Menschen nur so lange weiterlebt, wie die Erinnerung an ihn fortbesteht, geht es für jeden einzelnen darum, sich einen Platz in der Erinnerung der Mitmenschen zu erobern. Nur so kann er hoffen, daß ihm eine kleine Tür zu einer kleinen Ewigkeit aufgehalten wird.

Was daraus folgt, ist, so glaube ich, psychologisch ganz klar vorgezeichnet. Aus dem Wunsch, sich der

Erinnerung der anderen einzuprägen, ergibt sich die Verpflichtung, ein guter Mensch zu sein – selbstverständlich im Rahmen der bestehenden gesellschaftlichen Normen. An dieser Stelle hat jene Motivation ihren Ursprung, die den Hang zur Konformität zur hervorstechendsten japanischen Eigenschaft macht: Um in günstiger Erinnerung zu bleiben, muß man bemüht sein, sich im Leben möglichst viele Freunde zu schaffen und möglichst wenig Feinde. Die Aufmerksamkeit braucht dabei nach gängiger japanischer Auffassung nur auf jenen Personenkreis gerichtet zu sein, an den man durch die klebrigen Fäden gegenseitiger Abhängigkeiten – vor allen Dingen im Beruf – gebunden ist. Unter diesen Leuten muß man sich Freunde schaffen und gleichzeitig durch Leistung glänzen. Man muß sich im Konkurrenzkampf nach oben schieben, unaufhaltsam, immer höher, und möchte doch gleichzeitig allseits beliebt bleiben. Selbst bei denen, die man im Konkurrenzkampf unterpflügen muß.

Deshalb besteht das japanische Leben aus einem ständigen Tasten und Horchen, einem vorsichtigen Taktieren und ängstlichen Lauern mit dem Ziel, die Empfindungen der anderen kennenzulernen, bevor man die eigene Meinung preisgibt. Nicht nur unter Politikern und unter ambitiösen Managern ist das so, sondern überall. Alle sind bemüht, durch Leistung zu glänzen und gleichzeitig jene zu besänftigen, die zwangsläufig zu ihren Neidern und Konkurrenten werden. Wer Erfolg hat und sich hoch aufschwingen kann, tut so, als habe er keinen eigenen Leistungswillen. Alle wollen harmlos erscheinen, obwohl ihr Leistungswille oft mörderisch ist. Alle tun so, als wüßten sie nicht, weshalb der Erfolg sie so hochgetragen hat.

Shinto wirkt also in vielschichtiger Weise auf die menschlichen Verhaltensweisen ein. Einerseits gibt das Fehlen eines starren Dogmengebäudes dem einzelnen große geistige Freiheit, andererseits kann er diese Freiheit nicht nutzen, denn über gesellschaftliche Zwänge wird diese Freiheit in Konformität verwandelt. Deshalb sind der individuellen Entfaltung in Japan enge Grenzen gesetzt.

Shinto hat aber auch eine ästhetische Dimension, die in ihrer Art einmalig ist. Weil Shinto nur das Diesseits anerkennt, konnten sich in Japan von Anbeginn an alle Kräfte in der Gestaltung der diesseitigen Welt sammeln. So entstand der Wunsch, das Diesseits auch äußerlich so schön zu gestalten, daß es nicht nur für die Lebenden eine Freude ist, darin zu leben, sondern auch für die Seelen der Toten eine Freude, dorthin zurückzukehren. Daher das Bemühen um ästhetische Ausgeglichenheit, das überall spürbar ist.

So kommen ein paarmal im Jahr die Gärtner zum Kenkun-Schrein und arbeiten dort einige Tage lang. Ich habe ihnen oft zugesehen, wie sie mit flinken Händen jeden Busch, jeden Baum von dem Stammansatz bis zur Krone durchpflegen. Büschelweise regnen, wenn die Gärtner in den Kiefern sind, die langen Kiefernnadeln herab und bedecken die unter dem Baum ausgebreiteten gelben Zeltplanen. Wenn die Gärtner dann fertig sind mit ihrer Arbeit, fragt man sich, was sie eigentlich getan haben. Scheinbar nichts hat sich geändert an den Büschen und Bäumen. Die Silhouetten sind die gleichen geblieben, aber alles ist lichter geworden, ausgewogener, feiner. Plötzlich wirkt ein Kiefernbaum so wie auf den alten Holzschnitten. Darin drückt sich, so glaube ich, besser als in vielen Worten das Wesen des japanischen Ästhetizismus aus – alle Dinge so zu gestalten, daß die Hand des Menschen kaum noch erkennbar ist und eigentlich nur dazu gedient hat, die natürliche Schönheit der Dinge zum Vorschein zu bringen.

Deshalb bleibt für die Japaner das Diesseits die schönste aller denkbaren Welten. Selbst die Amida-Buddhisten, die sich mit Inbrunst dem Glauben hingeben, nach ihrem Tod würden ihre Seelen in ein fernes Paradies eingehen, betrachten es als selbstverständlich, daß ihre Seelen dann trotzdem regelmäßig – wenigstens einmal im Jahr – in die Welt der Lebenden, ins Diesseits, zurückkehren.

Ich weiß noch, mit welcher Freude ich als Kind jedes Jahr im Sommer auf das Herannahen des Obon-Festes gewartet habe. Das Obon-Fest ist das Fest der Seelen. Abends leuchten auf den Bergen rund um Kyoto riesige Feuer auf. Unten in der Stadt erlöschen die Neonreklamen. Überall hängen Lampions, um den Seelen der Toten den Weg zu weisen, wenn sie zu diesem Fest von irgendwoher – die Buddhisten sagen: »aus dem Paradies« – zu den Lebenden zurückkehren. Mit anderen Kindern zusammen habe ich Kerzen in den Steinlaternen angezündet und wie alle Kinder geglaubt, die Seelen der Verstorbenen seien zwar unsichtbar, aber doch körperhaft wirklich unter uns.

Niemand kann genau sagen, wieviel Shinto und wieviel Buddhismus in das Obon-Fest eingeflossen sind. Die buddhistische Grundüberzeugung sagt, daß das Leben doch nur eine Kette von Leiden und Sorgen sei und dadurch erträglich werde, weil nach dem Tode das Paradies wartet. In dieses Paradies zu gelangen und auf ewig dort zu bleiben – was sollte es Schöneres für Buddhisten geben?

Trotzdem.

In Japan haben die beiden großen Religionen einen in seiner Art vielleicht einzigartigen Kompromiß geschlossen. Angesichts des starken Shinto-Glaubens rückte der Buddhismus ein bißchen von seiner Weltflucht ab: die buddhistischen Seelen dürfen einmal im Jahr das Paradies verlassen und ins Diesseits zurückkehren, um beim Obon-Fest dabeizusein.

Nach seiner Einführung im sechsten Jahrhundert westlicher Zeitrechnung blieb der Buddhismus jahrhundertelang eine Religion der Oberschicht, gefördert und gepflegt am Hofe und beim Adel. Erst um die Zeit, als Kyoto schon längst Kaiserstadt war und als die »Geschichte vom Prinzen Genji« entstand, zeigten sich die ersten Ansätze dafür, daß der Buddhismus ins Volk herabzusteigen begann.

Damals breitete sich vielerorts – vielleicht als Folge des schon über zweihundert Jahre währenden Friedens – eine gewisse Sättigung aus. Die Weltflucht, wie der Buddhismus sie propagierte, wurde zur

Mode unter den Adligen und Reichen. Die buddhistischen Tempel füllten sich. Gleichzeitig neigte das Volk dazu, Naturkatastrophen und Epidemien sowie die aus der politischen Labilität erwachsenden Unruhen jener Epoche der Wirkung böser Seelen zuzuschreiben – der Seelen von Menschen, die im Unglück gestorben waren und von denen man annahm, daß sie allenthalben als böse Geister umherirrten.

Hier setzte der Buddhismus den Hebel an, indem er Erlösung von jenen Geistern versprach, die den Menschen Angst und Furcht einjagten. Besonders die Jodo-Sekte, heute noch die größte Glaubensgemeinschaft in Japan, betonte die Erlösernatur des Buddha und sagte, daß alle, auch die bösen Menschen und diejenigen, die mit einem Fluch auf den Lippen sterben, von Buddha aufgenommen und in das ferne Paradies gebracht würden. Dort seien ihre Seelen gut aufgehoben, und niemand brauche mehr Angst vor bösen Geistern zu haben.

Mit diesem Konzept ist – vereinfacht ausgedrückt – der Buddhismus in Japan ins Volk hinabgestiegen. Aber anders, als es das Christentum in Europa mit dem sogenannten heidnischen Glauben der Germanen getan hat, warf sich der Buddhismus nicht zum Richter über den bodenständigen Volksglauben auf. Statt sich zu bekämpfen, fanden Buddhismus und Shinto sich zu einer Symbiose zusammen, die jedem das Seine ließ: dem Shinto das Diesseits, dem Buddhismus das Jenseits. So kam es zu jener erstaunlichen Übereinkunft, die – etwas salopp ausgedrückt – nichts weiter als eine gute Arbeitsteilung ist. Ihr

Buddhisten, sagten die Shinto-Priester, seid so ums Jenseits bemüht und macht euch viele Gedanken um das Leben nach dem Tod. Wir dagegen, sagten sie, lieben und pflegen das Diesseits.

Deshalb gibt es auch heute in Japan Friedhöfe nur in buddhistischen Tempeln. Dort werden die Toten bestattet. In Shinto-Schreinen finden nur erfreuliche Feiern statt. Vor den Shinto-Altären werden die Hochzeitspaare eingesegnet, die Neugeborenen am dreiunddreißigsten Lebenstag den Göttern vorgestellt, und bei den Schreinfesten tanzen oft Kindergruppen vor dem Altar. Alle Schreinfeste sind fröhliche Feste mit viel Musik.

Blickt man allerdings genauer zurück in die Geschichte, dann wird deutlich, daß der Buddhismus in Japan zeitweise auch nach der politischen Macht zu greifen versucht hat – nicht viel anders, als es die christliche Kirche im europäischen Mittelalter tat. Und wie zwischen Staat und Kirche in Europa resultierten daraus auch in Japan blutige Auseinandersetzungen zwischen den weltlichen Mächten und den buddhistischen Sekten.

Höhepunkte dieser Auseinandersetzung gab es während und am Ende der »Großen Wirren«, einer langen Periode voller Unruhen und Kriege, die die zweite Hälfte des fünfzehnten und die erste Hälfte des sechzehnten Jahrhunderts westlicher Zeitrechnung erfüllten – also jene Zeitspanne, in der sich in Europa der Übergang vom Mittelalter zur Neuzeit anbahnte.

Auch in Japan gärte es damals. Rivalisierende Feudalherren stritten um die Macht. Der Tenno war als politische Kraft längst ausgeschaltet. Bauernaufstände flackerten überall auf. In den Seehandelsstädten, etwa in Sakai in der Gegend des heutigen Osaka, bildete sich ein reiches Bürgertum.

In dieser Zeit wuchsen einige buddhistische Sekten zu großer Macht und großem Reichtum heran. Da war zunächst die Jodo-Sekte, die unter den Ärmsten der Armen immer mehr Anhänger gewann, indem sie ihnen wie allen anderen, die der Krieg ins Elend gestoßen hatte, Erlösung im Paradies versprach. Die Drohung mit der buddhistischen Hölle, die in den glühendsten Farben ausgemalt wurde, erwies sich als politische Waffe von großer Wirksamkeit.

Dann war da die Tendai-Sekte, die auf dem fast neunhundert Meter hohen Berg Hiei direkt über der Stadt Kyoto eine ausgedehnte befestigte Tempelanlage errichtet hatte. Ursprünglich war die Tendai-Sekte eine Betgemeinschaft zum Schutz der Kaiserstadt gewesen, aber während der »Großen Wirren« hatten die Mönche auf dem Berg Hiei ihre Macht erkannt.

Je größer durch Krieg und Seuchen das Elend unten in der Stadt wurde, um so reichlicher trugen die verzweifelten Menschen Betgelder und Spenden den Berg Hiei hinauf. Die Mönche dort oben wandelten sich zu Mönchskriegern, die ihrerseits aktiv in die kriegerischen Auseinandersetzungen eingriffen – weniger um den Frieden herbeizuführen als um des politischen Ränkespiels und der Macht willen.

Kyoto wurde während dieser Zeit mehrmals fast

völlig zerstört. Es gibt daher kein Gebäude im alten Stadtbereich, das aus der Zeit vor den »Großen Wirren« stammt. Der Funaoka-Hügel, der damals noch außerhalb der Stadt lag, diente in jener Zeit verschiedenen Armeen als Verteidigungsstellung und als Heerlager.

Noch heute sind an einigen Stellen die Erdwälle und Gräben aus jener Kriegszeit erkennbar, fast eingeebnet von den Kiefern, Zedern und Kirschbäumen. Manchmal habe ich als Kind beim Spielen Pfeilspitzen und verrostetes Kriegsgerät in der Erde gefunden.

Der Tenno lebte in Kyoto zeitweise in solcher Armut, daß er selbstgefertigte Kalligraphien und eigene Gedichte in den Straßen der Stadt zum Verkauf feilbieten mußte. Dies änderte sich mit einem Schlag, als ein junger, völlig unbekannter Mann, Sohn eines Feudalherrn aus der Gegend des heutigen Nagoya, in der erstaunlich kurzen Zeit von weniger als einem Jahrzehnt ganz Zentraljapan unter seine Herrschaft zwang und mit vierunddreißig Jahren, vom Tenno gerufen, seinen Einzug in Kyoto hielt: Oda Nobunaga.

Das war 1568 westlicher Zeitrechnung. Mit Oda begann eine neue Ära. Unter seiner Herrschaft wandelte sich das Gesicht Japans. Er drängte erfolgreich den Einfluß der mächtigen buddhistischen Sekten zurück und handelte sich dafür die langdauernde Feindschaft der Buddhisten ein. Trotzdem gelang es ihm, das Land zu einigen und der Periode der »Großen Wirren« ein Ende zu setzen.

Auf der Höhe seines Erfolgs lehnte er den Titel

Shogun ab, der ihm ein vererbbares Recht auf die Macht gegeben hätte. Er wollte kein neues Shogunat errichten, sondern das Land unter die immer noch ungebrochene geistige Autorität des Tenno stellen. Unter Oda wurden die Schutzzölle und andere Handelsschranken innerhalb Japans abgeschafft. Kyoto, die zum großen Teil verbrannte, verlassene Stadt belebte sich neu. Die vor den Kriegswirren geflohenen Seidenweber und andere Handwerker kamen zurück. Oda hatte ihnen Steuererleichterungen angeboten.

Die Portugiesen, die um jene Zeit als erste Europäer ins Land kamen – jesuitische Missionare und Händler – wurden mit Interesse aufgenommen. Oda gab den Jesuiten die Genehmigung zur Errichtung einer christlichen Kirche nahe der heutigen Kawaramachi, der Hauptgeschäftsstraße der Stadt.

Oda lud hohe buddhistische Priester und jene jesuitischen Missionare an seinen Hof zu ausgedehnten Diskussionen ein und ließ diese Streitgespräche wortwörtlich mitschreiben.

Binnen weniger Jahre wurde Kyoto wieder die größte und schönste Stadt Japans. Die Einwohnerzahl stieg auf rund 600000 – fast die Hälfte der heutigen Bevölkerung. Für ganz Japan brach eine neue Epoche an, die Azuchi-Momoyama-Zeit, in der Malerei zu erkennen an der Kühnheit der Linien und der oft unerwartet modern anmutenden Flächenaufteilung – in der Seidenweberei durch die Extravaganz der Farben und Texturen – in der Architektur durch den Bau hoch sich auftürmender weißer Schlösser auf mächtigen Steinfundamenten – in geistiger Hinsicht durch die Öffnung des Landes.

Das kurze, kometenhafte Aufglühen einer neuen Ära. Die Zeit, die in Japan durch Oda Nobunaga geprägt war, besaß eine geistige Dimension, die vergleichbar ist mit dem Europa der Renaissance. Der Versuch, vom Mittelalter in die Neuzeit zu treten: ein gescheiterter Versuch.

Zwar gelangen Oda die bleibende Einigung des Landes und die Entmachtung der vielen miteinander rivalisierenden Feudalherren.

Zwar beschnitt er die Machtansprüche der großen buddhistischen Sekten, weil er erkannt hatte, daß die tiefgreifenden Wandlungen, die er anstrebte, ohne eine Trennung von Religion und Staat nicht durchführbar sein würden. Deshalb zerstörte er nach langem Zögern, dann aber endgültig, die befestigten Tempelanlagen der mächtigen Tendai-Sekte auf dem Berg Hiei und erlebte noch die Unterwerfung der Jodo-Sekte.

Zwar begannen sich unter Oda die alten Herrschaftsstrukturen zu wandeln, und das Bürgertum gewann an Selbständigkeit.

Zwar tat er viel, um Japan für die geistigen Strömungen zu öffnen, die besonders von den Europäern ins Land getragen wurden, und er förderte den Handel mit der Außenwelt bis hin zur Errichtung großer japanischer Handelsniederlassungen überall in Südostasien.

Zwar begünstigte Oda die Ausbreitung des Christentums, indem er häufig mit den Jesuitenpatern zusammentraf und ihnen sogar den Bau einer weiteren Kirche in unmittelbarer Nähe seines eigenen Schlosses in Azuchi gestattete, deren Dach mit den gleichen leuchtend blau lasierten Tonziegeln gedeckt war wie das seines Schlosses.

Zwar behielt Oda eine Skepsis gegenüber den Beteuerungen der Jesuiten, sie seien nur um Christi willen nach Japan gekommen, und baute mit Nachdruck eine für damalige Verhältnisse modern ausgerüstete See- und Landstreitmacht auf, wobei er – weniger als zehn Jahre nach dem Bekanntwerden europäischer Feuerwaffen – schon Kanonen und Vorderladergewehre aus japanischer Herstellung verwendete und – erstmals in der Geschichte der Waffentechnik – Kriegsschiffe mit Eisenpanzerung einsetzte. Sie sollten Japan von der See her für die europäischen Kolonialmächte unangreifbar machen.

Dennoch blieb alles nur ein kurzer wilder Traum.

Nach Odas Untergang wurde Schritt um Schritt alles, was Oda begonnen hatte, wieder rückgängig gemacht.

Isolationsdenken trat an die Stelle der geistigen Auseinandersetzung mit der Außenwelt; bald wurde das Land hermetisch abgeriegelt; die in den überseeischen Handelsmissionen lebenden Japaner – Zehntausende – durften nicht mehr zurück; Briefwechsel zwischen den dadurch auseinandergerissenen Familien war verboten; der Fremdenhaß wurde geschürt, und alle, die sich unter dem Einfluß der Mission zum Christentum bekannt hatten, wurden zur Umkehr gezwungen oder niedergemacht.

Die Weißen trinken Menschenblut, so hieß es in gezielter Anspielung auf das Ritual des christlichen Abendmahls. Sie führen auf ihren Schiffen Tiere mit, an denen sie ihre sexuellen Begierden befriedigen. So machen sie es auch mit allen Frauen, die sich mit ihnen einlassen.

Für zweihundertfünfzig Jahre wurde das Leben in Japan in vielfältig verschachtelte Kästen gepreßt. Die Tokugawa-Shogune schufen einen nahezu perfekten Spitzelstaat – Weltrekord an lange anhaltender geistiger Einengung:

Die Schranken zwischen den vier traditionellen Klassen – den Samurai, Bauern, Handwerkern und Kaufleuten – wurden unüberwindbar gemacht, die Bewegungsfreiheit stark eingeschränkt.

Jeweils fünf Familien innerhalb einer Klasse wurden zu Nachbarschaften zusammengefaßt, in denen jeder für das politische und soziale Wohlverhalten der anderen verantwortlich war. Fünf Nachbarschaftsgruppen bildeten eine Ortsgruppe, fünf Ortsgruppen einen Ortsverband – eine Stufenleiter der kollektiven Verantwortlichkeit.

Wenn ein einzelner etwas tat, was der Obrigkeit mißfiel, mußte immer eine ganze Familie oder eine Nachbarschaft dafür büßen – sehr häufig mit dem Leben.

Es gab kein Ausbrechen aus dieser sich länger als zehn Generationen hinschleppenden Welt, in der sogar die Erinnerung an die Visionen des Oda Nobunaga verlorengegangen war.

Selbstverständlich mußten die Tokugawa-Shogune,

um 250 Jahre lang bestehen zu können, ängstlich bemüht sein, Oda Nobunaga geistig auszulöschen. Erst als das Tokugawa-Shogunat 1868 zu Ende ging und Japan sich wieder öffnete, kehrte Oda in das Geschichtsbewußtsein zurück.

Auf der Suche nach einem Ort, wo in Erinnerung an seinen Genius ein Shinto-Schrein errichtet werden sollte, fiel die Wahl auf den Funaoka-Hügel. Der Kenkun-Schrein ist der Seele Odas geweiht.

Lange Zeit stand bei uns zu Hause eine kleine Kiste aus Kiriholz. In dieser Kiste, die kaum größer war als meine Puppenkästen, lagen 15 alte Bücher mit dunkelblauen Einbanddeckeln und leicht vergilbten Seiten aus Reispapier, Seite um Seite dicht beschrieben mit einer schönen Pinselschrift.

Mein Vater ging vorsichtig mit diesen Büchern um. Es seien, hörte ich als Kind von ihm, die Tagebücher des Oda Nobunaga, aufgezeichnet von seinem Sekretär, allerdings nicht die Originale, sondern eine spätere Kopie. Inzwischen hat sich herausgestellt, daß es doch die Originale waren. Jetzt sind sie als Nationalschatz eingestuft und werden in einem Museum aufbewahrt.

Damals aber habe ich zu Hause darin geblättert und sie zu lesen versucht, obwohl ich gerade erst in die Grundschule gekommen war und die komplizierten Schriftzeichen noch gar nicht lesen konnte.

»Soll ich dir vorlesen?« fragte mein Vater.

Ich kuschelte mich eng an ihn, und er las mir vor. Einen ganzen Sommer lang. Immer wenn die Tageszikaden aufhörten zu singen und die Dämmerungszikaden erwachten. Dann bereitete meine Mutter das Abendessen vor, und ich saß mit meinem Vater unter dem Vordach unseres Hauses auf der Veranda, von wo aus man über die ganze Stadt und die östlichen Berge blicken kann.

Wenn mein Vater mit mir abends draußen auf der Veranda saß, dämpfte das weiße Moskitonetz, unter das wir uns vor den schwirrenden Stechmücken flüchten mußten, das Abendlicht so sehr, daß die schwarzen Schriftzeichen verschwammen. Unter uns versank die Stadt in purpurvioletten Schatten, belebt von Tausenden aufflammenden Lichtern.

An einem solchen Abend im August, während die Erde noch die Hitze des Tages zurückstrahlte und die Luft gesättigt war mit Feuchtigkeit, während in der Stadt gerade das Obon-Fest, das Fest der Seelen, zu Ende ging mit Feuern auf allen Bergen, erzählte mein Vater mir, wie Oda in einem Meer von Flammen unterging.

Als Oda im Stadtteil Gion in Kyoto ein Schreinfest besuchen wollte, das während der Zeit der »Großen Wirren« lange geruht hatte und erst unter seiner Herrschaft wieder neu entstanden war, sah er sich abends plötzlich umzingelt. Der Augenblick des Verrats war gut gewählt: Odas beste Generäle befanden sich mit ihren Armeen im äußersten Süden und Westen. Oda selbst war nur von seiner Leibwache, bestehend aus fünfzig Männern, begleitet, fünfzig gegen zwanzigtausend, die angeführt wurden von einem Manne, dem Oda sogar den Schutz seines eigenen Schlosses anvertraut hatte, der nun aber hoffte, selbst an Odas Stelle treten zu können. Oda sah, daß er verloren war. Er legte selbst Feuer an das Gebäude, in dem er sich befand.

So erzählte mir mein Vater. Ich sah die Flammen der Obon-Feuer auf dem Berg drüben, östlich der Stadt. Die Tränen in meinen Augen zogen die Flammen auseinander und verwandelten sie in Lichtpfeile, die sich über die ganze Kammlinie der Berge auszubreiten schienen und Funken über die dunkle Stadt streuten. Ich glaubte das Flammenmeer zu sehen, in dem Oda verbrannte.

»Und seine Seele?« fragte ich meinen Vater.

Er blickte über das Tal, in dem die Stadt liegt, und hinüber zu den Feuern auf den Bergen.

»Niemand weiß genau«, sagte er, »wohin die Seelen gehen, niemand kann sagen, wo sie wohnen – außer in unserer Erinnerung.«